寻找心灵深处的感动

（美）刘墉

北京联合出版公司
Beijing United Publishing Co.,Ltd.

图书在版编目（CIP）数据

寻找心灵深处的感动 / （美）刘墉著. —北京：北京联合出版公司，2014.10
（刘墉作品集）
ISBN 978-7-5502-3636-3

Ⅰ. ①寻… Ⅱ. ①刘… Ⅲ. ①散文集—美国—现代
Ⅳ. ①I712.65

中国版本图书馆CIP数据核字(2014)第216618号

作品《寻找心灵深处的感动》，经作者刘墉授权在中国大陆地区独家出版发行。
版权合同登记号 图字01-2014-5928

寻找心灵深处的感动
作　　者：（美）刘墉
选题策划：范彦风
责任编辑：李　征
封面设计：马顾本
版式设计：睿佳工作室
责任校对：李夏萌

北京联合出版公司出版
（北京市西城区德外大街83号楼9层 100088）
三河市中晟雅豪印务有限公司印刷 新华书店经销
字数93千字 870毫米×1160毫米 1/32 7.5印张
2014年10月第1版 2014年11月第1次印刷
印数1—15000
ISBN 978-7-5502-3636-3
定价：18.00元

前 言

触摸神秘的心灵

由于今年秋天要举行个人画展，使我最近都忙于作画。妙的是：常常画着画着突然飞来文学的灵感，而且个个精彩，逼我不得不把它们写出来。这本书里许多神秘的、感性的、悬疑的，甚至警世的小故事于焉产生。它们都不长，而且多半以流星划过天际的方式戛然结束，留下想象与感叹的空间。

当然，许多作品还是反映真实生活的，譬如《母亲的谎言》来自我的身世，《妈妈的梦想》来自法国曾经发生的悲剧，《小神偷》写我牙医老友的真实故事，《滚下楼的高材生》出于美国常春藤盟校，《三把面条》根据“美国燃灯助学基金会”的经历。至于那许多带有禅味的故事，则累积了我过去三十年间，做亲子谘商的感触。

书成前，我把一些文章放在网上发表，征询读者的意见。其中《缘浅缘深》刊出后，有网友留言：“我就跟我爸妈缘浅，离家四年了，都没回去一趟，我该回去了，续续前缘。”另一位则说：“哈！这文章不知能安慰多少父母和儿女，缘深好，缘浅也不坏，我妈一天到晚骂我，其实因为我跟她的缘太深。”

每个人的心灵，都有敏锐的触觉，只因日常的喧嚣忙碌而忽略。每件事都有两面，从不同的角度想，得中有失，失中也可能有得。希望这本书确实有平复心灵、治疗创伤的效果，愿每位朋友都能找到心灵深处的感动。

目 录

禅心篇

真意篇

神秘篇

宠物篇

亲情篇

警世篇

莞尔篇

禅心篇

当你不觉得它是累赘、不抱怨它的重量，
甚至不认为它是块石头的时候你就真放下了。

放，不是放弃，不是放任，不是放恣，不是放纵，不是放逐。
不曾拿起，怎么放下？不曾拥有，怎么放空？
不曾独立，怎么放平？不曾挂念，怎么放心？
不曾抓紧，怎么放手？有收才能放，有放才能收！

放下 · 放空 · 放平 · 放心 · 放手

新来的小沙弥，对什么都好奇。秋天，禅院里红叶飞舞，小沙弥跑去问师父：“红叶这么美，为什么会掉呢？”

师父一笑：“因为冬天来了，树撑不住那么多叶子，只好舍。这不是‘放弃’，是‘放下’！”

冬天来了，小沙弥看见师兄们把院子里的水缸扣过来，又跑去问师父：“好好的水，为什么要倒掉呢？”

师父笑笑：“因为冬天冷，水结冰膨胀，会把缸撑破，所以要倒干净。这不是‘真空’，是‘放空’！”

大雪纷飞，厚厚的，一层又一层，积在几棵盆栽的龙柏上，师父吩咐徒弟合力把盆搬倒，让树躺下来。小和尚又不解了，急着问：“龙柏好好的，为什么弄倒？”

师父脸一板：“谁说好好的？你没见雪把柏叶都压塌了吗？再压就断了。那不是‘放倒’，是‘放平’，为了保护它，教它躺平休息休息，等雪霁再扶起来。”

天寒，加上全球金融危机，香油收入少多了，连小沙弥都紧张，跑去问师父怎么办。

“少你吃，少你穿了吗？”师父眼一瞪，“数数！柜里还挂了多少衣服？柴房里还堆了多少柴？仓房里还积了多少土豆？别想没有的，想想还有的；苦日子总会过去，春天总会来。你要放心。‘放心’不是‘不用心’，是把心安顿。”

春天果然跟着来了，大概因为冬天的雪水特别多，春花烂漫，更胜往年，前殿的香火也渐渐恢复到往日的盛况。师父要出远门了，小沙弥追到山门：“师父您走了，我们怎么办？”

师父笑着挥挥手：“你们能放下、放空、放平、放心，我还有什么不能放手的呢？”

心有怨怼的人，
绝不可能真正放下。

两块石头

身心俱疲的妇人去找师父哭诉：

“我真要崩溃了，因为遇上两个没良心的男人。过去二十年，我省吃俭用，帮着丈夫创业，现在他事业有成了，早出晚归，连正眼都不瞧我一眼。儿子也让我寒心，从小一口口地喂大，送上学接下学，连谢都没说过一声，而且愈大愈不用功，真是伤透了我的心。”

“放下！”师父拍拍妇人，“把你心上的石头放下吧！”

◎

一个多月过去，妇人光鲜靓丽地去见师父：

“师父，谢谢您的开示，我放下了，把那两块石头都放下了。我想通了！要对自己好一点，不能让丈夫、孩子把我看扁，好像我欠他们的，所以我不管了，自己出国玩，昨天才下飞机。”

师父笑笑，站起身，带着妇人走到门外。从地上捡起两块石头，交给妇人一块：“如果这是你心上的石头，你是怎么放下的？”

妇人先一怔，又看看师父，五指一松，啪嗒，石头掉在地上：“不就这么放下吗？”

师父没答，又把另一块石头交给妇人：“你想想做得对不对？”

“我知道了！刚才太没性格了！我应该……”妇人说着，一抖手，把石头用力扔出去。

“这样做就对了吗？”师父问，接着指指妇人先前扔在地上的那块石头，“把它再捡起来。”

妇人照做了。

“你必须蹲下去，才捡得起来，为什么刚才随便一松手，让它掉在地上？”

“放下，当然要放得干脆！放得洒脱！”妇人说。

“问题是，你真放下、真洒脱了吗？那是你的丈夫、你的孩子，你能真放下吗？只怕你表面放下，心里还是偷偷念着吧！那念着，就是没放下。”

妇人紧紧闭着双唇，眼眶湿了，两行泪珠滚落。耳边传来师父的声音：“放下不是放任，不是放弃，更不是赌气地一刀两断。放下，要心平气和地轻轻放下，把它放在一个你知道的、可以放心，又不会害别人跌倒的地方。放下，是当你付出的时候，不要一心要求回馈，是情到深处无怨尤，是想想上天已经给了你许多，这小小的不顺算不得什么。放下是照顾更多可怜人，由那些人的遭遇，而知福惜福。放下是把你的爱扩大，让自己活得更有意义。放下是当你怨自己没鞋穿的时候，想想那些没有脚的人。”师父握住妇人的手，“把你手里的这块石头带回去，它是你从亿万尘沙间拾起的一块有缘的石头。当你不觉得它是累赘，不抱怨它的重量，甚至不认为它是块石头的时候，你就真放下了。”

相生相克也是相辅相成。
以柔克刚，以静制动，以不变应万变。

风林火山

立志将来要做武僧的小沙弥，一边走一边念念有词：“其疾如风，其徐如林，侵掠如火，不动如山。”

“背得好。”师父听见，笑问，“知道是什么意思吗？”

“当然知道！”小沙弥很得意地说，“攻击的时候要快得像风，慢的时候要密得像树林，侵掠的时候要像大火燎原，静的时候要像山似的动也不动。”

“说得好！但是当敌人也其疾如风、其徐如林、侵掠如火的时候，你怎么应付？你不能一心只想着攻击，也得知道防守啊！”

小沙弥怔住了。

“《孙子兵法》如果说的只有你想的那一点，就不叫《孙子兵法》了！”师父说，“想想咱们后山的树林，有时刮大风，房子都摇了，它们却不怕，是为什么？因为大风吹过去，边上的树虽然被吹得往里倒，但是里面有别的树撑着，所以多大的风吹进树林，都能一层层被化解。”

“树林好厉害！”小沙弥说，“我不学风，要学树林。”

师父笑笑：“树林虽然厉害，但是它不怕风，却怕火啊！所以《孙子兵法》会用‘侵掠如火’来克‘其徐如林’，火一来，树林就完了！”

“那怎么办？那怎么办？”小沙弥急得直抓头。

“《孙子兵法》不是教你怎么办了吗？”师父领

着小沙弥进屋，在蒲团上盘腿而坐，拍拍自己的双膝说，“不动如山哪！火有什么好怕的？就算树林烧光了，只要有山在，还怕树长不回来吗？”

◎

正说呢，外面来了个妇人，说有困惑请师父开示。

师父答应了，就见那妇人像炒豆似的，一个劲儿地数落她丈夫。

从头到尾，师父只是不断地点头。妙的是，妇人说完，气也消了一大半，师父安抚几句，就平复了。

“她只是一肚子话没处说，其实根本没事，吐完苦水，就舒坦了。”师父看着妇人的背影对小沙弥说，“有时候我只要做听众，静静听，静静让她诉苦。当她‘其疾如风’，我就‘其徐如林’。”

突然外面传来吼叫，有一个汉子不顾小沙弥的阻拦，冲了进来。

“我老婆呢？我老婆呢？她这个泼妇，来胡说八道什么？让我把她带回去好好管教管教！”汉子显然从山下跑来，涨红着脸，边吼边喘。

师父从头到尾都低眉垂脸、面容安详，好像进入禅定，什么也没听到。

汉子骂了一阵，看看师父平静的面容，突然露出惭愧的表情，直道歉：“真对不起！真对不起！都怪我，打扰了师父。”看师父还没反应，汉子更羞愧了，“我怎么会这么莽撞？咳！我这个粗人，一喝酒就误事，怪不得老婆不高兴。”接着不断对师父拱手鞠躬，静静退了出去。

“师父厉害！师父根本没理他，他就改了。”小沙弥乐得直拍手。

师父一笑，睁开眼睛：“没什么厉害不厉害，《孙子兵法》不是说了吗？他‘侵掠如火’，我就‘不动如山’。”

幸福是心灵，不是物质；
缘是牵挂，不是无为。

缘浅缘深

两个妇人去拜见一位会观气的大师。

大师先看了看其中较胖的一位，叹口气：

“你挺有福气，但是跟孩子的缘浅。”

又看了看较瘦的一位，也叹口气：

“你跟孩子的缘深，可是比较辛苦。”

两个妇人都笑了：“您是不是看我们一胖一瘦所以这么说啊？其实恰恰相反耶！”

“是吗？”

“是啊！”较瘦的妇人说，“她的孩子好极了！从小就不用操心，样样拿第一。现在是美国的名医，不但给妈妈雇管家，还有车有司机呢！要说她跟孩子的缘浅，那我就等于没孩子了。”

“为什么？你命中也有个儿子啊！”大师问。

“得了吧！我从儿子小时候就带前带后，学这个学那个，补这个补那个，却没一样行，现在跟我摆水果摊，跟她的孩子能比吗？”

大师沉吟了一下，转过脸去问胖太太：“她说得对不对？”

“对！”胖太太说，“她确实很辛苦，她儿子的成绩也确实不如我儿子。”叹口气，“可是您知道吗？我反而羡慕她。”

瘦太太立刻叫了起来：“我有什么好被羡慕的？”

“我羡慕你的孩子总跟你在一起，小时候你带前带后，现在他跟前跟后，你早上睁开眼就能看到他，整天一起摆摊子，再收拾回家，连今天都是他开车送你来。哪儿像我，孩子一年也不回来一趟，我去美国看他，却连话都说不上两句。说实话，我宁愿没司机，像你一样，由儿子开车，多好哇！母子可以一路说话。”

啪啪啪啪！大师拍手：“你们不是都自己说了吗？请问，谁跟孩子的缘浅，谁跟孩子的缘深？我说得准不准？”

每个人都有天上带来的“缘”。成就高的孩子，因为世界需要他，常常与“人群”的缘深，跟父母相聚的时间少，显得缘浅。

平凡的孩子，从小让父母操心，甚至依在双亲身边一辈子，这种“解不开”、“甩不掉”，反而显得缘深！

“慧”这个字很妙！
上面是彗星，中间是手，下面是心。
不勤于用心用手，不容易见到彗星；
不敏锐警醒，不容易产生智慧。

慧根

过年，有信众送来一大把晚香玉。

“拿花瓶盛水，插上，这是‘岁朝清供’。”师父对小沙弥说。

过了几天。

“给花换水了吗？”师父问。

小沙弥摇摇头：“要换水吗？大殿里的富贵竹，插两年了，不是只要加水，不必换水吗？”

“富贵竹是富贵竹，它的水不会臭。”师父说，“晚香玉是晚香玉，花虽然香，水却会臭，不信你闻闻。”

小沙弥把瓶里的水倒出来。“真的臭了！”小沙弥直皱眉，“为什么它们不一样呢？”

“因为一个能生根，一个不能生根。你看富贵竹下头是不是长了好多根？再看看晚香玉，是不是不但没长根，而且烂了？”师父拍拍小沙弥，“生根，是活的；不生根，是死的。”

◎

夏天，午后总有雷雨。

禅房的一侧地势低，一下大雨就积水。

“把下面的墙板换换吧！”师父指示小沙弥，“泡久了，都朽了！”

果然，靠地面的墙板一扯就全下来了。师父抱来新的木板，两个人一起钉上。

小沙弥一边钉一边指着旁边的松树问：“这是松，那也是松，这也泡水，那也泡水，为什么松树不烂？”

“活着不烂，死了才烂。”

◎

秋天，禅院里的樱花树突然枯了，裂开的树皮里爬出好多白蚁。

“怪了！春天不是还开花吗？”小沙弥说。

“早上还唱歌的人，不是可能中午就死了吗？”师父说，“死总等在那儿，就像白蚁，总等在这儿，树烂一点，它吃一点。你活着，它不吃；你死了，它就吃。死一寸，吃一寸。”

◎

冬至，禅院里的树叶全掉光了，后山上也是一片寒林。傍晚，突然飘下密密的雪花。

“叶子没了，天地就宽了。树枝的手空了，上天就抛下白银。”师父对小沙弥说，“看看那山上的树，光秃秃的枝子，一个样儿，可是里面有多少死、多少生？多少看来死了，却偷偷生根；多少看来活着，却偷偷烂了。你能不警惕、不精进吗？”

“警惕、精进什么？”小沙弥不懂。

“想想蛀虫是不是等在旁边！想想自己是不是正在腐烂！想想身边的水是不是已经臭了！想想还能不能保有慧根！”

什么是谆谆教诲？什么是诲人不倦？
什么是有教无类？
老师不能改变器皿，却能改变器皿里的东西！

师父的碗

几位学校老师去见他们敬仰的师父。

“现在的学生好难教哇！他们的程度相差很远。有的家里有钱，早早就请了家教。有的家里穷，放学还得打工。有些是单亲家庭或隔代教养，再不就是外籍新娘生的。师父！您说我们该怎么教！”大家你一言我一语，急着问。

“不急不急。”师父说，“我的水缸空了，正好你们来，就拜托你们先帮我到井里打点水吧！”接着去柜子里掏，掏出六只碗。

“师父您没有桶吗？碗那么小，桶多方便？”有位老师问。

“就用碗，就用碗。你们人多，一人盛一碗，就够了。”师父边说，边把碗递给大家，还一个劲儿地道歉，“对不起啊！我的碗是十方来，各式各样都有。”

“天哪！我拿到的这个好像是纯银的耶！”

“我的这个是铜的。”

“我的这个很重，可惜是铁的。”

“我得小心，这可是个瓷碗！”

“我的这个很丑，陶的！多难看！”

“我最惨！拿到个木头碗，搞不好是喂……”

六位老师一边往水井走，一边议论。

水井在禅院的门外，去的时候简单，盛满水走回来可就不容易了。几个人虽然小心翼翼，还是洒了不少。

“我瞧瞧！我瞧瞧！”师父笑眯眯地过来看，

“真有意思！银碗和瓷碗里的水好像特别多，铁碗和木碗的特别少。”师父问，“不都是碗吗？”

拿银碗的人笑了：“大概我看这碗值钱又漂亮，特别得意也特别小心吧！”

拿瓷碗的也点头：“我也特别小心，搞不好这是青花瓷的古董。”

拿木碗的则耸耸肩，手一动，又洒出一些水。

师父笑了：“都是碗，都一样盛水，都盛一样的水，你们心里只要想着盛水就行了，何必念着那碗是什么做的呢？”

师父叫大家把水倒进缸里。

“教育就像这里的水，需要小心翼翼、积少成多。”师父一边收碗，一边说，“孩子就像这些碗，好像有银的、有铜的、有瓷的、有铁的，还有粗陶和木头的。表面看虽然价值不同，但是在老师的心中应该一样。他们都是碗，都有用，都应该被悉心地照顾，都应该被平等地对待，都应该被小心地注满。”

平时要累积，事前要规划，
中间要维护，事后要省察。

点一炉好火

不知是不是因为地球暖化，二月初，突然暖得跟春天似的，原先满地的白雪全融化了。

“快去捡柴！”师父对新来的小沙弥说。

“天这么暖，还要点暖炉吗？”小沙弥问。

“不趁天暖雪融，落在地上的枯枝露出来，难道要等再下一场雪，到雪里挖？”师父瞪小沙弥一眼，“天暖的时候存柴，天寒的时候烧柴，好光景存粮，坏年头吃粮，你怎么连这都不懂？”

◎

果然没过两天，又降到冰点以下。师父带着小沙弥，先把旧报纸揉成一团团堆在壁炉下面，放上小树枝，再从柴房抱来大木柴，搁在顶上。师父划根火柴，把下面的报纸点着，延烧到小枯枝，发出啪啪的声音，接着腾起熊熊的火焰，还不时夹着火星，像烟花盛会似的在炉子里飞窜。

小沙弥兴奋得直拍手叫好。

“叫什么好？”师父推推小沙弥，“快把炉门关小！”

火苗一下子收敛了，小沙弥看看师父：“会熄的！”

“熄不了！反而会烧得更好。”师父笑道，“火就像人间的爱情，那爱得死去活来，好像一刻也分不开的热恋，常常来得疾也去得快。不信，你下次不关炉门，看那大火能烧多久，只怕上面的柴还没热，炉子已经冷却。反不如把炉门关小，让下面的火慢慢烧，把大块的柴先烧透。”

果然，大木块的边缘渐渐冒烟，露出火苗。

“着是着了，但是火不大耶！”小沙弥说。

“不要大，要稳！夜里够暖就成了。”

◎

但是天没亮，小沙弥就被冻醒了。跑过去看火炉，只见几块黑炭，散在炉子四处。“不得了了！师父！是谁把柴动过，火都熄了。”

师父睁开眼睛，看一眼：“少见多怪！那些大块的柴，愈烧愈小，当然显得愈来愈远。跟人一样，愈久愈远，愈远愈淡。你快用火钳，把小炭块拢到一起！”

小沙弥照办了，看似已经熄灭的黑炭，聚成一堆，居然很快地变红，接着蹿出火苗。

“死灰复燃了！死灰复燃了！”小沙弥喊。

“胡说！死了怎么复燃？就因为没死，所以复燃，就因为重聚，所以重温。快睡吧！”

◎

小沙弥醒来，天已经大亮，窗上结了一层冰，禅房里却挺温暖。原来师父又添了几块柴，壁炉里一片氤氲。

“今天的火更棒了！”小沙弥说。

“今天的火不是昨天的火吗？”师父说，“今天的火不是从昨天来的吗？柴变了，火没变。”

小沙弥伸了个懒腰，扒着窗子往外看，接着大叫：“外面好冷啊！连小鸟都变不见了。雪好深哪！连墙都变矮了。”

师父走到窗前看了看，扶着小沙弥的肩膀：“小鸟真没了吗？墙真矮了吗？这世界真变了吗？景气不同，世界没变。谁不知道冬天过去就是春天？你还怕春天不来吗？”

真意篇

人家遗忘我们，
我们不能遗忘自己。

脚下踩过污泥，手上采得清莲。

佛界往往要经过魔界才能到达。

“知错”和“知对”是一体的两面；知道错，等于找到对。

问题是知错的人有没有勇气和决心，立刻朝对的方向走去。

赌神

“你到底在干什么？第一次六十分，第二次五十分，第三次四十分。”父亲把考卷狠狠摔在地上，“你可真平均啊！像溜滑梯，一路溜，再过三次，就零分了，对不对？”

“有可能吧！”儿子居然轻轻松松捡起地上的考卷，“二三十分不敢保证，零分太简单了！”

“零分简单？”父亲冷哼一声，“你考个零分给我看！你能考零分，算你有本事。”说完，父亲又补了一句，“你可不能通通不答，用空白考卷拿零分不算数！”

“当然不会空白。”向来叛逆的儿子，眯着眼睛看老爸，“我拿零分回来，你可别跳！”

“我绝对不跳！我鼓掌好了吧！而且我敢打赌，你就是考不到零分。”

叛逆的儿子决定跟老爸赌，非但不再读那一科，还存心考零分。

可是连考了两次，虽然想尽办法答自己认为必错的答案，但成绩出来还是有三十分。

“怎么样？你输了吧！认赌服输，比零分多一分，十块钱，你已经欠我六百多块了！”老爸笑。

老爸愈笑，儿子愈气。问题是儿子发现要想拿零分还真不简单，因为只有“是非”和“选择”题，没念就不能确定哪个是对的，总会不小心“猜对”几题。

零花钱都被老爸扣光了，再扣下去，就要倒欠了，儿子不得不偷偷K书。

连K两个礼拜果然有效果，儿子考了十分，只输一百块。

又K两礼拜，对一题，得五分，输五十块。

老爸的脸没绿，老师的脸绿了，拍着桌子骂：“你是白痴还是天才？连白痴也考不到五分哪！”

“天才！”大男生只当没事。

“天才？”老师又狠狠拍一下桌子，“不要脸！你是天才，就考个及格给我看哪！”

大男生歪着头，一笑：“只剩一次大考了，再及格也及不了格，我已经放弃了！”

“你期考要是能考及格，我就给你及格，考几分算几分，前面的都不算！”老师吼道，“你办得到吗？”

没过多久，期考成绩出来了。儿子回家，把成绩单递给老爸：“不是我真输你，是因为我又跟老师赌。为了赢他，只好输你。”

成绩单上印的是“A”。

当有人说不好吃的时候，你会把果子放下，还是多多少少尝一口？心想：“让我尝尝有多么不好吃。”

虽然说“不终一事，不长一智，上一次当，学一次乖”，但是那件事和那个当，往往得自己经历一次才甘心。

猪八戒的人参果

“好大的桃子！好漂亮的桃子！”一群外地来的观光客围在水果摊前。

“是啊！这可是孙悟空吃的桃儿。”卖水果的小老头举起一个红艳艳的桃子。

“甜吗？”

“不甜不要钱！孙悟空都偷吃，能不甜吗？”

“好！买十个，一人一个。”领队正在掏钱，又有人喊：“这绿色的是什么啊？好像瓜。”

小老头笑了，拉高嗓子喊：“可别乱说，那哪儿是瓜啊！那可是猪八戒吃的人参果。”

“甜吗？”

“不甜不要钱！猪八戒都吃，能不甜吗？”

领队又多掏了些钱：“也拿十个吧！大家都没吃过，尝尝！”

坐上游览车，没人说要吃水蜜桃，却个个吵着要吃猪八戒的人参果。

绿绿亮亮的人参果立刻传了下去，有人擦都没擦就急着咬，接着大叫：

“什么人参果嘛！一点味道也没有，比瓜还不如。”

好几个人起先不信，亲自吃了，也都骂：“被骗了！被骗了！那么贵！”

还有人骂：“什么猪八戒吃的人参果嘛！只有猪八戒才会吃。”

一车人全笑了起来：“可不是吗？我们都是猪八戒！”

躺着发愁，不如坐着讨论。
坐着讨论，不如站着行动。

三把面条

一个由美国华人组织的慈善团体，派员到中国的偏远地区考察。

十几位平日养尊处优的中年女士，在爱心的鼓舞下，居然跋山涉水到与世隔绝的山村。当她们知道那里的孩子每天都得走几个小时的山路去上学时，立刻提议："我们出钱为你们盖个学校吧！"

村人兴奋极了！有人志愿敲石头奠基，有人要去挖泥土烧砖，有背着孩子的妇人说要帮忙垦地。还有一位独居的老太太说她想捐钱，可是没钱，想出力，又没力气，只能捐点吃的给远道来的好心人，于是拿出了她仅有的三把干面条。

“问题是，钢筋水泥怎么运进来？”正兴高采烈的时候，有人提出，“咱们村子对外只有一条羊肠小道，平常走路都难，车子根本进不来啊！”

大家都怔住了，慈善团体的人也没办法，只好失望地离开，转往附近另一个村子。

◎

“我们也没路啊！”另一个村子的人也直叹气，“我们是被城市遗忘的可怜的小村子。”

慈善团体的人又失望地走了，但是他们不死心，既然千辛万苦地来到深山，非要找个贫穷村落，为孩子们盖学校不可。

他们找到第三个山村。

“我们比那两个村子还穷、还偏僻，他们被遗忘，我们更被遗忘了。”村长召集村民开了半天会，也一筹莫展。

正摇头叹气的时候，突然有个年轻人举手：“人家遗忘我们，我们不能遗忘自己。”

◎

一年之后，钢筋水泥居然顺利地运进了三个村子。

是一包包背、一捆捆抬的吗？

不！是用货车载进去的。因为三个村子的村民齐心协力，开了一条通往外面的道路。

三个乡村小学同时落成了！三个山村的经济也大大改善了，以前运不出去，只能烂在路边的蔬果，一车车卖到城市，外面的物资也源源不绝地运进村子。

好多早先为了孩子搬出去的人都回来了：“自己

家边就有学校，我们当然回家。”

以前山里请不到老师，现在也不成问题了。因为好多大学刚毕业的年轻人，志愿去教书：“那里真美，真是被遗忘的世外桃源！”

其中一所学校的校名很特殊，用的是那捐面条的老太太的名字。

如果你列出今天忧虑的十件事，
过一个礼拜再想，恐怕只剩五件。
过一个月再想，可能只有一件。
过一年再想，恐怕都成了过去。
过十年再想，可能觉得有点好笑。

不知道的幸福

“我就要登机了，四点钟到，老地方接我。”丈夫在那头喊，听得到机场广播的声音，正要挂电话，丈夫又喊，“家里都好吧？我怎么眼皮直跳？”

“好得很！少胡思乱想！”她笑着挂了电话。接着手机又响：“阿娇啊！你怎么还不来呀？有点不妙耶！说好了十点，会头还没出现，打电话、打手机都没人接，她会不会跑啦？”

她一惊："天哪！我那点钱全在里头，好！我马上到。"

匆匆忙忙画了画眉毛，正打粉底，电话又响，传来孩子班导师慌慌张张的声音："王妈妈，学校出事了，小勇中毒，送中心医院了，您是不是来急诊处一下？"

"怎么了？怎么了？"正要问中了什么毒，导师已经把电话挂了。她慌了，扶着化妆台的手直抖，抖得桌上的小瓶子叮当直响。

脸上的粉擦一半儿，干脆用袖子抹掉，匆匆忙忙扯件外套就往车库奔。不知道是不是油门踩重了，车子半天不动，好不容易发动，吱吱扭扭地冲出门去，向右转，车身震了一下，没开多远，不对劲！怎么一抖一抖的，还有点歪，她跳下车看，右后轮胎明显瘪了！上面一道白色的剐痕，八成是刚才转弯太小，磨到了车库门口的……管不了了！她回车上拿皮包，伸手拦了辆出租车："快！中心医院！"

急诊处挤满了人，全是一脸焦虑的家长，校长正从里面跑出来，挥着双手说："没问题了！那辆闯祸的车子，里面装的是氯，所幸漏得不多，已经拖走了。小孩们躺一躺、吸吸氧气，也都没问题了。"接着就见二三十个孩子从里面打打闹闹地出来。她赶快冲过去抱住小勇，儿子居然还直推她说："抱什么抱啦！好肉麻。"这时候才发现会头也正抱着她女儿问东问西呢！

医生也出来说毫无问题，就见校长、老师带着一群孩子上校车走了。

"你不去开会吗？"会头拍拍她，"吓死了！咱们快回去吧！我急急忙忙忘了带手机，借你手机用一下，大家一定等急了。"

她摸摸皮包，耸肩说："我也急得忘了带。"

两人叫了辆出租车，急急往回赶，快到小区，看见一辆警车停在路边，还有两个警察正在一辆车子旁边绕。

“停！停！停！那是我的车。”她叫司机停车，跳下去跟警察解说：“我的轮胎爆了！”

“轮胎爆了也不能这么把车停在外面啊！你可以慢慢靠边哪！”警察掏出本子，又要看她的驾照。

她东掏西掏：“对不起！忘在家里了，因为我急着出门，我的孩子中毒进医院了。”会头也跟过来解释：“是啊！是啊！我孩子也中毒，我们刚从医院回来。”

警察看看两个人，把本子放进口袋：“你住哪里？”

“就前面，就这个大楼。”

“八楼六号吧？”

“对！对！对！”她眼睛瞪得好大，“你怎么知道？”

“我当然知道！”警察笑笑，“你家差点失火！”

“什么？”她浑身僵住，突然恍然大悟，“啊！对了！我炉子上……”

“你太不小心了，幸亏有烟测警铃，邻居报了警，我们原本要破门，也幸亏你的门没锁。好好好！不怪你，不罚了。”警察居然帮她把车开到路边，又以警用电话通知了附近的修车行。

下午三点多，她先去车行拿车，再到机场接老公。

“家里都好吧？我早上怎么眼皮直跳？”老公上车就问。

“跳得可真准！”她哼了一声，“从接你眼皮跳的电话，我就倒了八辈子的霉，会头跑路走人！孩子中毒急诊！车子爆胎！失火！吃罚单！”

“什么？”老公叫了起来，一副心脏病要发作的样子。

“已经没事啦！幸亏。”

“幸亏什么？”老公急着问。

“幸亏你不知道。”她笑笑，“你要是知道，只怕现在躺在急诊室的是你。”

车子到家，会头正在大门口跟两个太太聊天，还对她扮了个鬼脸。

出电梯，儿子正跟隔壁的小宝在走廊里扔球。

进门，老公直吸鼻子："什么味道？这么香？"

"牛肉干！"她笑道，"老天爷送的。"

小时候大人带你看戏，进场发现还有不少好空位，叫你过去坐。你是不是宁可坐在“属于自己”的坏位子上，也不愿意捡便宜？
人之初，性本善！孩子后来的取巧，往往是大人教的。

僵尸娃娃

自从儿子迷上僵尸卡通，小周可惨了，每天一进门，儿子就一个劲儿地问：“僵尸娃娃呢？僵尸娃娃呢？”

如果僵尸娃娃有的卖早好了，偏偏人家不卖，摆了上百个一模一样的僵尸娃娃，都不卖，只能钓！

为了钓这僵尸娃娃，小周已经不知道花下去多少钱了，还有，时间和面子！

是啊！那天带着儿子去钓娃娃，还夸下海口："爸爸今天一定钓给你！"可是钓得满头大汗，钓下去一百多块钱，都差那么临门一脚。眼看夹子放下去，夹住娃娃，也夹起来了，却移动没两厘米，娃娃就又掉了回去。搞到后来，扒着"娃娃机"的儿子，气得转身坐在地上，眼泪汪汪地说："爸爸差劲！爸爸钓不到。"

你说，这对小周的自尊有多大伤害？

"因为你在旁边，爸爸紧张，所以钓不到，改天爸爸一个人去，保证两三下就给你钓回来。"小周对儿子拍胸脯。

隔天开始，小周确实下班之后先去钓娃娃。可是连钓三天，还是都差临门一脚，只得回家对儿子撒谎："爸爸太忙，改天再去。"

今天又被吃了不知多少铜板，小周火大了，每次转头看柜台小姐，小姐还故意把头转开。小周终于忍不住了："小姐！要怎么钓啊？到底钓得起来钓不起来呀？”

“当然钓得起来。”小姐撇撇嘴，“等技术好就钓起来了！”

又不知道被吃了多少铜板，小周再转头看看小姐：“帮帮忙吧！我已经下去不知多少钱了！”

小姐又撇撇嘴：“不行！那是违规，而且我也不会。”居然抬头往外看，“好了！专家来了，你问他。”就见一个跟小周差不多，三十出头的男人双手插在裤袋里进来，一个机器一个机器地看：“有什么新娃娃吗？”

“没有！”小姐一笑，“你教教他吧！他钓好几天都钓不到。”接着对小周说，“他比你缴的学费还多，请他帮你钓。”

那小子果然二话不说就过来帮忙。先是指导小周怎么放钓夹，后来干脆自己下手，还猛摇机器，说这样才夹得紧。问题是，好死不死，连钓娃娃专家也都“看着有了！看着有了！又没了”。

“对不起，我也不灵了。”那小子狠狠给柜子一拳，对小周苦笑一下，又指指柜台，“你还是拜托她吧！她最神！”接着转身，走了。

“好吧！好吧！看你可怜！”那小姐居然没等小周开口，自己走了出来，一伸手，把钥匙插进柜子上的锁孔，打开柜门，再抓起个僵尸娃娃，往最上面一摆，再关上柜门，“好了！你钓吧！”

多神哪！放在最上面的娃娃，没了其他娃娃的“牵扯”，小周一次就把娃娃钓出来了。

兴高采烈地回家，还没进门小周就喊：“僵尸娃娃来了哟！爸爸钓到僵尸娃娃了！”就听屋里儿子兴奋的跑步和欢呼声：“爸爸万岁！爸爸万岁！”

一整个傍晚，儿子都在摆弄挂着黄色符咒的僵尸娃娃，连吃晚餐都叫了三次没反应。

“怎么钓到的？”一边盛饭一边回头看儿子，周太太好奇地问。

“咳！”小周小声说，“一直钓不到，后来还是店里的小姐打开柜门，抓一个放在最上面，我才钓到的。”

突然，砰一声，僵尸娃娃滚到餐桌底下。五岁的小鬼站在客厅，眼睛里全是泪：

“爸爸作弊钓来的，我不要！”

不以正当的方法爱孩子，
常常既害了孩子，
也伤害了自己在孩子心中的形象。

爸爸不会逃

“这是瑞银的，这是开曼群岛的，这是列支敦士登的。”老爸颤抖着把文件交到儿子手上，“爸爸半辈子省吃俭用，就是希望多给你存点钱。爸爸又想尽办法找专家理财，希望少被山姆大叔抽走一些……”

儿子眼睛瞪得好大，媳妇也露出惊讶的表情。他们显然没想到看来穷哈哈的老爸，居然偷偷存下这么巨额的财富。

老先生过世了。

儿子伤恸逾恒，几夜没能合眼，才办完老父的丧礼，就往城里跑。

“我真没想到，我那正直的父亲会这样。幸亏他临终悔悟，要我把这些东西交给你们。”儿子把事情交代清楚，牵着太太的手走出税务大楼，觉得这是他这辈子为老爸做的最有意义的事。

这是五十多年前发生在台湾南投的真实故事，
伟大的父母以委婉宽容的方法，引导迷途的孩子回头。
而今“小神偷”已经是纽约的名医。

小神偷

球友从台湾探亲归来，抱回个小小的竹盒子。长不到一英尺，宽和高不过半英尺，光光滑滑，精巧极了。

“保证你打不开，你如果打开，这盒子就送你。”球友把盒子递给我。

我上上下下检查了一遍，连个缝都看不到，摇摇，隐约听到咔啦咔啦的声音。猜那八成像我以前在九份买的红木盒子，有个插销，只要拉出来，盒子就会开。可是怎么都找不到插销，又猜盒子边上一定有缝，就用指甲去抠。才抠两下，就被他抢了回去。

“不要把我宝贝盒子抠坏了！三百块美金在南投买的呢，而且老婆不出钱，是用我的私房钱。”一边说，一边把盒子翻过来、覆过去，再拍一巴掌，不知怎么回事，盒子就开了。

球友发出咯咯怪笑，得意极了：“哈哈！你认输了吧！告诉你，这盒子是个小保险箱，但是它的机关藏在里面，只要抱着盒子转动就成了。你不知道密码，当然开不了。”又大笑不止，笑弯了腰，“告诉你！我可是开保险箱的高手，从小就会开那种日本制的对号金库。当你小时候只敢偷你妈妈皮包里的五毛钱铜币时，你猜，我已经开保险箱偷什么了吗？”

没等我答，他先比出个手势，用两只手圈出一个圆圆大大的形状：“告诉你！我已经偷我老爸的龙银了。龙银你知道吗？是比中国袁大头还大得多的日本银圆。很值钱的！”笑着指指我鼻子，“不过你也别伤心，因为你家由大陆到台湾，不会有龙银，而且说实话，我小时候也摸过我妈皮包和我爸口袋里的一毛钱、两毛钱。直到高中才得到同学启发，偷龙银。”

“启发？”我一怔。

“对！启发。因为我遇到个很凯的同学，当我只买得起小包牛肉渣的时候，他吃大块牛肉干；当我租漫画书看的时候，他买整套武侠小说，大家都向他借，所以他成了老大。有一天我问他哪来这么多钱，他先不说，我一直磨，他才把我拉到走廊柱子后面，从口袋里掏出个大大圆圆的硬币，小声说那是龙银。我问他怎么弄来的，他说他挖来的。”

“挖来的？”我问，“日本人埋在地底下的宝藏？”

球友又怪笑了起来：“不是啦！哪有那么神？他是从他老爸的钱柜里挖来的。那是个黑檀的木头柜子，前面挂了一把大锁。我同学怎么都打不开，他好聪明啊！居然把柜子往外挪，从柜子后面用菜刀一点一点挖。挖了个洞，再伸手进去掏龙银。”

“为什么不掏别的呢？说不定有现款，多好用！”我问。

“你笨！”球友一拍桌子，“我问你，你对你抽屉里的钞票清楚，还是硬币清楚？你当然比较记得钞票。而且钞票是正流通的货币，随时可能使用。龙银却是日据时代的东西，老家伙们放在那儿十几年，理都不理，当然偷龙银比较不会被发现。而且他从后面偷，更棒！柜子前面的东西都纹丝不动，所以他偷了半年多，都没被发现。等到被发现，被他老爸打得半死之后，又有我跟上了。”指指他自己，“我是很有义气的，他当年偷龙银让我分享，轮到我偷，当然也让他分享。”

“你也挖你老爸的钱柜？”

“笑话！”他叫了起来，“我才叫真不简单呢！我老爸不是用木头钱柜，是用日本保险铁柜，那可难挖极了！”

“铁柜怎么挖？”我问。

“一样挖！我也用菜刀。每次都得趁全家没人，把铁柜往外拖，再蹲在后面一刀一刀小心砍。哗！还真硬呢！我每次都累得满身大汗，砍了十几次、几百刀，砍坏了三把我自己买的刀，才砍出一个小缝，以为能摸到钱了，却从小洞里跑出好多白粉。”

“什么？你家有海洛因？”

“去你的！是一种石棉样的东西，大概防火用的吧！那粉末掉了一地，把我吓死了，赶紧用糨糊和纸把缝粘上，再扫地，你知道石棉粉有多难扫吗？那有点黏，扫半天地上还白白的。好死不死，我正扫着，我阿嬷回来了，问我干吗，我说我在打扫。那天惨透了，为了这个谎，我把整个房间都扫了一遍。我阿嬷还对我老爸老妈夸我：长大了，勤快了！”

“所以你没偷到。”我说。

“笑话！”他又叫起来，指指自己，“你这朋友会那么容易退缩吗？我一不做，二不休，干脆从前面动手，开对号锁。我早注意到我老爸老妈，开的时候先右转三圈，再左转两圈，再右转一点点，再一压扳手就开了，我就偷偷看。最后那个号码最容易，因为我妈开保险柜找东西的时候，人蹲在柜门口，我只要蹑手蹑脚过去，就可以看见门上转盘停在什么数字。至于第一个，也不难，我随时保持警戒，看见老妈一去保险柜，对第一个号码，就故意去找她说话，所以第一个号码也被我偷看到了。但是我老妈很鬼哟！她一定等我走了，才转第二个号码，而且我一靠近，她就停住，转身盯着我，还用身子挡住转盘。”

“可见你信用不佳。”我笑道。

“当然不佳！你又不是不知道我是逃学大王，顽劣出名的。但是道高一尺，魔高一丈，中间那个号码，我照样会找出来。我啊，一个一个试，几十个号码试几十次，啪！硬是被我打开了。那一刻，我才知道为什么有人专偷金库，因为那不只是偷啊，而且是跟自己挑战，就像打高尔夫球，二十英尺推杆进洞的感觉。那时候我虽然不会高尔夫，但是看过《金银岛》，保险箱打开的那一刻，就像发现了海盗的藏宝，兴奋啊！而且……”他瞪大眼睛，“我家保险箱里龙银更多，一摞一摞。多，有个好处！”

“什么好处？”我问，“你比较发？”

“你真笨！多，比较安全啦！因为一次拿一个，大人根本看不出来，所以我隔几天就偷一个。”

“你到哪里去卖呢？”我又问。

“我才不卖呢！我买。要看漫画书，就给店里一个；要吃零食，也拿一个去。那些小店老板都认识我爸我妈，但是他们照收，也不会吭气，我后来知道他们最少赚一百倍。而且，我很鬼哟，我集邮，常常跟我老爸要他信上的各国邮票，集了十几大本。”

“你喜欢集邮？”

“错了！”他扬扬眉，“这是障眼法。因为我吃零食，买小说、贴纸、圆牌，对了！还有白雪公主泡泡糖的大画片，那原本是要用很多小画片才能换到的。我也用龙银去买，买来一堆。难免被我老爸老妈看到，问我钱从哪里来，我就说是我用邮票跟人交换的。他们想想，认为合理，就不再问了。但是……”

球友突然停住不说了。隔了十秒钟，才吸口大气，又吐口大气：“我越偷越心虚，因为保险箱里的龙银一点一点往下缩，恐怕非被看出来不可。幸亏这时候，我老爸居然要我去诊所帮忙。哗！”他一击掌，“多好的机会啊！我坐在诊所门口，只管病人登记，没病人的时候就做功课，旁边管账的小姐一离开，我就伸手去偷两块钱。没办法，钱哪！用惯了，不能没有，没钱会受不了。你说妙不妙，我老爸老妈居然以为那小护士偷钱，把她调到后面配药，换成我管账了。”

“什么？”这回是我叫了起来，“这不是请鬼拿药单吗？”

“对！他们叫我管账。儿子嘛！毕竟是自己人，信得过。”他叹口气，“可是不知道为什么，我管账，反而不好意思偷了，因为我发现老爸看病，又是脓，又是血，好辛苦啊！而且用病历和收费单对一对，很容易被发现。每天晚上我都一笔一笔把钱和账簿交给老妈，所幸老妈很体谅，她总会从里面抽一些零头给我，说算是我的工钱。那是我赚的耶！感觉跟偷差了十万八千里。我可以理直气壮去买东西，而且告诉每个死党，是用我赚到的钱。从此，我只打工，不偷钱，一毛钱也不偷。又因为总在诊所帮忙，学到不少，后来终于知道用功，进了医学院。”他突然举起那个小竹盒子，“你知道我为什么买这盒子吗？是为了纪念我爸我妈。十年前，我回去办完老爸的丧事，离开台湾的前一天，我老妈蹲在那保险柜前开对号锁，搞了半天，打不开。叫我，说自从在银行租保险柜，已经太久没开家里的保险箱了，她老了，把号码都忘了，然后……”

球友又停住，笑笑：“她居然要我帮她开。我一下子怔住了。不知怎么办，想了想，没说话，蹲下来对号，虽然几十年过去，但大概当年号码得来不易，我居然还记得，没两下就打开了。我妈进去掏东西，拿出一个戒指，说给我太太，又拿出十个龙银，放在我手上。我实在憋不住了，问她怎么知道我会开。我妈一笑，说当然知道，不然当年怎么会叫我去诊所帮忙管账。”

他把那竹盒子又翻过来、覆过去，拍一下，打开：

“现在每次我开这盒子，都想到家里的那个保险箱。想到我死去的老爸、老妈……”说到这儿，他把盒子放下，突然双手捂着脸，哭了。

恐惧本身是最大的恐惧。
不敢冒险是最大的冒险。

吃出大道理

某大公司征聘研发部经理。

惊人的高薪福利，和大公司响当当的招牌，吸引了全国几十位顶尖高手。

很多高手不能曝光，因为他们还在业界担任要职。这次征聘也没笔试，因为应征者的简历和学历已经足够。

约谈由老董和总经理秘密进行，经过一个多月，总算选出两位。问题是这两个人都太优秀了，怎么比都不分高下。

“约他们吃个饭，聊聊吧！”老董说，“让他们坐在一起，咱们再比较比较。”

两位精英都准时到达，他们年龄差不多、仪表差不多，连点的“沙朗牛排，四分熟”都一样。

餐叙在十分融洽的气氛中结束，老董说三天之内就会通知。

“您有谱了？”那两个人才走，总经理就问老董，“我还是觉得无法分高下耶！”

“确实难分高下。”老董一笑，“但是从他们吃牛排这件事上，我有了谱。”

总经理一怔。

“是啊！你没注意吗？一个人是牛排端上，就撒盐和胡椒，另一个是先尝一口，才撒盐和胡椒。”老董说，“我当时不是就问前一个人了吗？我问他怎么知道牛排不够咸，该加多少盐，他说以他的经验知道，通常都不够咸。我又问另一个为什么要先尝一口，他说每块牛排都不一样，不尝怎么知道该加多少盐和胡椒。”

◎

就这么一点点差异，后者胜出了。

老董说得好：我们这一行，只靠经验是很危险的。不实验怎么证明？不证明怎么确定？不确定怎么行动？不行动怎么成功？

马拉松大赛跑最后一名的人，
获得的掌声来自内心。

滚下楼的高材生

马克绝不是爱迟到的人，他从来都很守时，偏偏在今天，这个最重要的日子，他却迟到了。

整条走廊空荡荡的，连鞋底的沙子和花岗石地面吱吱的摩擦声都听得到，马克一拐一拐地尽力快走，轻轻敲两下教室的门，里面传来冷冷一声“进来”。偌大的阶梯教室，座位全空，只有下面讲台上坐了个瘦瘦小小的白发老太婆。

“你知道现在几点了吗？”

“知道！”

“你知道迟了多久吗？”

“知道。”

“那你还来干什么？”老太婆翻开桌上的档案夹，瞄一眼，“你认为SAT考高分就可以迟到吗？还有，”老太婆从老花眼镜框的上面，斜斜地瞪着马克，“你又怎么知道我会等你？”突然举起手，把腕上宽松的表带摇得哗啦哗啦响，声音放大，“四十分钟，不！四十三分钟耶！”

马克一惊，猛鞠躬：“我猜您一定不会等我，但我必须试试看，说不定您会等。”

“你的嘴怎么了？跟人打架了？”老太婆招手，“你靠近一点，我不会吃人的！”

马克走到桌前，更紧张了，早就听说老太婆有多么权威，这个常春藤名校在纽约长岛地区的口试，只要经她点头，就八成能录取。

“头抬起来！再靠近一点！”老太婆挥手作势，要马克绕过桌角。

“天哪！还在流血耶！你怎么啦？”

“从楼梯上摔下来了。”

“哪里？”

“家里。”

“家里？在家里还摔？”老太婆用手指推了一下马克的额头，“你说！怎么回事？家庭暴力吗？”

“不！因为我裤子没穿好，就往楼下冲，就……”马克摸摸嘴角说，“其实我早准备好了，但是穿起牛仔裤，觉得太不正式了。又去掏出西装，西装太久没穿，皱了，只好找熨斗烫平。穿起来，裤子还勉强可以，却发现上衣变小了，再找另一件，也不行。只好回头穿牛仔裤，一边穿一边看表，发现不早了，就往楼下冲，被裤子绊倒，滚下楼梯。嘴角破了，上衣也破了，又回房间换上衣，发现腿也破了，”马克指指沁出血渍的裤腿，“又找纱布包上。

等我赶到车站，前一班车才走，反正一堆倒霉事。我知道我没希望了，来，只是想试试，看您还在不在，好让我当面说声对不起。”

“精彩！”老太婆把眼镜拿下来，一边摇着手里的老钢笔，一边歪着头盯着马克，“你知道我很有名吗？”

“知道！”

“你知道我为什么有名吗？”

“因为您很有权威，听说学校有个很大的奖学金，是用您的名字设立的。”

“你知道为什么用我的名字吗？”

“您捐的？”

“我才没那么封建呢！而且我没什么钱。”老太婆把笔重重往桌上一放，“反正下面没人了，我也等你这么久了，就告诉你原因，让你不会白来一趟吧！”又用手指推推马克的前额，“嘴角的血止住了吗？”

“没事了！只撕裂一点点！”

“好！”老太婆点点头，“话说三十年前，也借这间教室口试，也有个学生，站在你这个位置，是个黑人。那时候我们学校还很少有黑人。不！应该说黑人根本不敢申请。我问那黑孩子为什么选我们学校，他说因为只听过我们学校的名字，就填了，我又问：‘你知道我们学校很远、学费很贵吗？’他说不知道，问我多少，我告诉他，他立刻说他不可能读得起，他来自单亲家庭，全靠单亲妈妈一个人做清洁工。我又问他知不知道我们学校不容易进，更不容易念，他又说不知道，只知道自己除了上学，还得打工帮六个弟弟妹妹。”老太婆一笑，“结果，我硬是强力推荐了他，推荐那个连大学名字都不太知道，只听过我们学校，就填了我们学校的黑孩子，还要求学校给他全额奖学金。结果他不但以高分毕业，而且成为华尔街有名的金融家，特别捐了一大笔钱给我们学校。大概是为了感谢我吧，那奖学金就冠了我的名字。故事说完了！口试结束！”老太婆站起身，拍拍马克，“我没做什么，只是给不放弃的学生一个机会。”

◎

这是根据真实故事改编的，马克后来被录取了，而今已经大学毕业，他说老太婆录取他，大概是因为他明明知道自己没希望，还是去了。

他没放弃，所以老太婆也没放弃他。

神秘篇

她多希望那头能传来他的声音。

只是每次回应的都是一片寂静和无边的空虚。

每个死者都是“先行者”，
每个垂危者都是将行者，
他们只是早走一步，
去一个我们会去的地方。

跟着鞋子走

车祸现场，血肉模糊，只有一双鞋，在五十米外被分别找到，一点也没损伤。

那是他们半年前去欧洲，在罗马买的，他当时就穿上，走了五个国家。

回来后，他还天天穿，她说了好几次：这鞋只适合旅行，上班不太配。他还是不换，只为舒服，连应邀到纽约讲学，他都说要穿去。

◎

她把鞋拿回家，先塞进柜子，又拿出来，放在门前丈夫一向脱鞋的位置。也好！让人觉得家里还有个大男人，安全些。

只是每次走出电梯，看见家门，都一惊，觉得打开门，会像往日，看到他迎来的笑脸。

多少次，她的泪就这么流下来，从电梯流到家门，滴在那双鞋上。

◎

那一天，她闻到瓦斯味，打电话给热水器公司，来了个大男生，说有燃烧不完全的问题，还钻出窗子，冒险为她装了一截通风管。

大男生跟她要了张纸巾擦脸上的汗水，薄薄的纸，一擦就成了细细的小条，她说去为他拧把湿毛巾。

大男生慌乱又腼腆地说不，急急忙忙收拾工具。她要给小费，大男生也拒绝，像逃跑似的离开。

隔了两天她才发现，门口的鞋被换了。换成一双破破旧旧的。只是尺寸差不多，乍看也像，八成是那大男孩匆忙间穿错了。

她拨电话给热水器公司，拨一半，停住，怕给他找麻烦。而且听大楼管理员说有个工人曾来找她，她不在，就没放工人上来。

她想，这样更好，让人觉得鞋子穿旧了，更显得真。只是，她也常想丈夫的那双鞋，现在被穿到哪儿去了，眼前浮现那大男孩，个头、样子还真像“他”，怪不得脚也长得差不多。

◎

这一天，管理员按铃说有人来检查瓦斯。

开门，赫然是那大男孩，她正要骂他粗心，却见大男孩皱着眉往屋里看，直吸气，说有瓦斯的味道。

她没觉得，大概因为感冒，鼻子已经不通了好几天。

大男孩叫她别开灯，免得有火花，危险！又示意她到走廊上，然后一个人冲进去。再出来时，满脸苍白，先坐在客厅喘气，又撑着打开每扇窗。

大男孩走了，她才发现自己糊涂，居然忘厂付钱。又想到鞋，出门看，那双鞋不见了，同样的位置，是一双跟丈夫生前穿的一模一样的新鞋。

她赶快打电话去热水器公司，对方说大男孩上个月就离职了。

“可是他刚才才来我家修瓦斯管。”

对方吓一跳，说有问题，应该报警。

“不！”她说，问大男孩到哪儿去了。

“听说这两天要出国，他在我们公司打工一年，赚够了学费，又拿到奖学金，要去美国念研究所，好像是纽约。”

她怔住了，放下电话，看着门外那双新鞋，突然觉得丈夫没死，依然守护着她。

他只是远行了……

拔到空白频道的收音机，
常会收到奇异的声音。
惊觉时已经消失，寻找时已无痕迹。
是外层空间的访客，还是路过的火腿族？
十分惊喜！费人猜疑！

鬼电话

有时会开到一半，她会突然触电般全身一震，接着一边开手机，一边往外跑。接着就听见她焦虑的声音：“你还好吗？你还好吗？”

会议室里没人敢吭气，连平时爱说笑的张总也呆呆地坐着，每个人都知道她有病，每个人也都谅解、同情，甚至悲悯。

事情是从半年前开始的，她那英挺出众的丈夫突然脑溢血，断层扫描出来，左半边后脑都黑了，右半边也黑了一大片，脸歪了，半句话都不会说。医生建议送去疗养中心，她坚持不肯，说家的温暖能帮助丈夫复原。医生笑了笑，就没再坚持。

丈夫初回家的时候，她总请假，后来则是一天跑回去三四趟。据说他的病情很有好转，除了不能说话，已经能自己大小便，她就特意为他装了个电话，又买了专门的手机和手机卡，教他一有不舒服就找她。

他果然常打，起初她一接电话就往家奔，后来发现其实他都没事。

“你想我了，对不对？”她问他。

他点点头。

“那你就拨，但是听我问‘你还好吗’，问两次，你就挂上，我也就知道你好，只是想我了。”她像哄小孩似的摸着他的脸说。

于是办公室里常常演出这一幕，同事也都在她挂上电话的同时，跟她一样松口气。

直到一个月前，她接到电话，问了又问，由小声问到大声喊，再发疯似的冲出去。

◎

丧礼回来，她憔悴多了，常坐在那儿发呆，有一天突然打开手机，浑身发抖，对着手机喊："你还好吗？"

大家的汗毛都竖起来了，知道她有了"幻听"。

从此，她隔两天就犯一次，毫无预警，也没有手机铃声或震动，她会像以前一样抓起电话急着喊："你还好吗？你还好吗？"

那天早上，张总没出现，由她主持，正训话呢，突然好死不死，又犯了病，也不顾一屋子十几个主管，急急说声抱歉就往外冲，大家也就照样屏息竖着耳朵听。

这次居然不一样，她才问一句“你还好吗”，对方显然答了，就听她松口气说：“那就好！”接着笑嘻嘻地回来说，“是张总打来的，说我老公在那边很好。”

大家全怔了。

看大家的表情，她也怔了一下，眼睛转了转，脸色突然变得通红。狠狠骂道：“好他妈的张总，敢开我这玩笑？”接着往张总办公室冲去。

张总确实没来，她又气急败坏地拨电话去张总家。

对面传来的是张太太的哭声。

她升上了总经理的位置，公司的业务蒸蒸日上。

她比以前更干练了，而且从“鬼电话”之后，她的那部手机再也没响过。

因为爱他的好，所以忍受他的坏。
因为习惯他的坏，所以不能适应他的离开。

鼾声

最后那几年，她总睡不好，一方面因为更年期，精神紧张，一方面因为他的鼾声实在太大。连偶尔回家的女儿们都说："爸爸打呼噜那么吵，你怎么睡？干脆搬到我房间，空着也是空着，何必不用？"

半夜被吵醒，她也确实想过分房，好几次翻身坐起，抓着枕头，但不知为什么，又放下了，继续接受他的轰炸。

◎

四十年了，从年轻时两个人搂着睡得地老天荒，到中年时，他因为工作压力太大，常半夜磨牙。到这几年，大概因为胖，由偶尔打小呼噜，到鼾声震四壁。

起初半夜被吵醒，推推他，或把他的脸转向一侧，还能管用，后来就算用力推，甚至狠狠踹，都无效。只听他哼两声，有时候还说两句梦话，跟着又睡着了，而且变本加厉，鼾声更响。

她也曾陪他去看睡眠科的医生，拿回一本小册子，照着在睡前练习，说是能强化喉咙里的不知什么地方。只是仍然没用，而且可能强化了喉咙的肌肉，却增加了嘴唇的效果，后来除了鼾声，还夹着咻咻的吹气。

“是吗？恐怕不是好现象！”他听她抱怨，叹口气说，“有人讲打呼噜没关系，千万别吹，吹是吹土，吹坟上的灰，吹着吹着，吹得够深，就走人了。”岂知一语成谶，他才说不久，就心肌梗死，连半句话都来不及交代，便走了。

◎

从死那天，到丧礼结束，她每天夜里都哭，哭他的死和自己的大意，尤其是朋友的一句无心之言：“心脏病常有前兆，像是打呼噜的声音特别大，或者带着吹气，好像常常一下子上不来气的样子……”

她总想朋友的那句话，悔自己为什么没注意，也不断回忆他死前的鼾声。结果虽然旁边没了打呼噜的人，耳根清净了，心里却有了另一种鼾声，反比以前睡得更不安，连吃安眠药都不管用。

半年下来，每个看到她的人都说她瘦了，她知道因为失眠，自己憔悴了不少，也老了许多，朋友只是没明说。

◎

女儿终于看不下去，拉着她到日本散心，好死不死，才到东京，就碰上大台风。

住在旅馆三十多层的高楼上，觉得整个房间都在震动，还有那强风吹过窗边发出的呼啸。女儿女婿睡在隔壁，身在异乡，她一个人躺着，更显得孤独凄凉。只是不知是否因为白天舟车劳顿，她居然一点也没被台风吵到，反而很快地进入梦乡。梦里有风有雨也有他，她还是受不了他的鼾声，伸手去推，又不舍地把手举高，改成搂，却一下子搂空。她突然惊醒：“他为什么不在旁边？”

窗外天已亮，而风雨依旧，轰隆轰隆地摇撼，又咻咻地呼啸，她哭着哭着居然又睡着了。

梦中的他刚才只是去洗手间，现在又睡回了她的身边，继续发出那熟悉无比的鼾声……

这个故事的结局很吊诡，你可以猜她临死还念着他，
也可以怨她本该打求救的电话。
当然，她也可能因为拨错号码，那头传来了一声“喂”……

与阴间通话

谈恋爱的时候，他们就老打手机，因为手机比电话来得私密，可以躲在被窝里聊天。

结婚之后，他们还总是通手机，有事没事，只要想念对方，就拨过去：“没事！问你在干吗？”

后来他们连在家里都彼此打手机，原因是：“拿手机当对讲机，省得大声喊了。”

有一天晚上，他坐在床边关手机，突然想到个

“怪点子”。“将来我如果先死了，你可以放个手机在我耳朵旁边，想我的时候就拨。”他大笑着说，“搞不好，我还会接电话呢！”

◎

没想到一语成谶，他才说没多久就患急性血癌，走了。

她真放了个手机，在他的耳朵旁边，是她特别设定的！除了有自动接听和挂断的功能，她还在十字架上藏了一块太阳能板，为棺材里的手机充电。

好像又回到了恋爱时期，从下葬那天，她每个晚上都拨手机给他。

白天，她在人前装作坚强。夜里，她蒙着棉被，对着手机那头的“他”，大声哭喊：“你为什么抛下我一个？你知道我有多想你吗？”

她多希望那头能传来他的声音。只是，每次响应的都是一片寂静和无边的空虚。

◎

或许因为她过度伤恸，居然才过三个月，就在国外出差时，因为心脏病猝死。

她到死，手里都攥着手机，拨的是“他”耳边的电话。

只是，她显然拨错了一个号码。

宠物篇

你看，是以前那家养的狗！
人搬走，狗不带走，总回来找他主人！

爱上小动物，不难！
只要你为它奉献，为它牺牲，为它过敏，为它脏乱……
你为它牺牲得愈多，愈爱它。

送你一只狗

看她隔着玻璃，一直逗那只小黄狗，老板娘走出来笑道："看样子它跟你挺有缘呢！"

"有缘？"

"是啊！别人逗它它都不理，却对你直摇尾巴。"老板娘把门推开，"进来玩玩！"

"我只是路过，随便逗逗。"她迟疑地说。

"又不是要卖给你，逗逗它，算同情它，一只小狗，好寂寞。”

那小黄狗果然好像跟她有缘，直往她身上跳、脸上舔。

“看它这么喜欢你，你又挺喜欢它，送你好了！”

她一怔：“送我？”

“是啊！而且它已经打过针了。”老板娘一边说，一边拿出一包狗粮，“连这狗粮都送你。”

“我没养过狗，不知道怎么养。”她还是不敢收。

“试试看嘛！不好养、不乖，随时拿回来！”

◎

没过两个钟头，她就把狗送回了宠物店：“这狗我不能养，它才进门就在地板上尿。”

老板娘笑着轻轻打了一下小黄的头：“不乖！瞧，人家不要你了。”接着进去拿了一瓶东西出来，“这样吧！我送你一瓶喷剂，日本进口的，它在什么地方尿，你喷一下，它就不会在那儿尿了。”

◎

“它是没在那儿尿了，可是在别的地方尿，而且拉了一坨屎，臭死了！”第二天一大早她又把小黄送回店里，“不行！不行！我有洁癖，受不了！”

“哎呀！都怪我！”老板娘拍了一下自己的前额，“忘记给你尿布了。”说完就拿出一个长方形的大盘子和一包像吸水纸的东两，“瞧！你把尿布打开，铺在盘子里，再盖上这层网子，保证它会在上面拉屎拉尿，而且因为有网子，不会弄脏，喏！这盘子和尿布也送你。”

“又送我？”

“是啊！你实在养不了它，再一起拿回来还我嘛！难得结缘。”

隔天，她又抱着小黄、提着盘子，回到宠物店：

“你的好意，我心领了！我绝不能养它，你知道吗？它居然会咬沙发，把我新买的沙发都咬破了。”

“是吗？”老板娘眼睛一亮，“这小鬼可真健康，这么快就牙痒了，有赏有赏！”接着拿出一大包红色的像猪肉干的东西，“喂它吃这个，很好吃，不信你也可以试吃一块，这是磨牙的。还有，”又转身掏出个塑料玩具，“给它咬这个，更能磨牙。”

“多少钱？”

“笑话！小东西，送你的。”

隔两天，她又打电话到宠物店：“老板娘，谢谢你的好意！我看哪，我是真没本事养它，因为它乱跑乱跳，我控制不住，我是在家工作的，不能总被打扰。”

“别急！别急！”老板娘在那头喊，“你住哪里？我给你送个笼子过去。”

“笼子？很贵吧？”

“不贵不贵，借你用！你实在养不了了，只要通知我，我就把它和那些东西一起接回来，反正不会坏。”

◎

突然间，她小小的客厅好像变成了个游乐园，蓝色的塑料笼子、黄色的尿盘、红红绿绿的狗玩具，朋友来了，要不是看见笼子里的小黄狗，准以为她成了未婚妈妈。

老板娘还真热心，居然主动打电话问“行不行”。

“试试看吧！麻烦，是真的！害得我每天还要带它出去散步。而且，它很臭耶！”

“臭？”电话那头似乎一惊，“对了！小黄该洗澡了，你自己不会洗对不对？我马上派人去，把它接回来洗。”

“太麻烦了吧！”

“不麻烦！不麻烦！我们有专人接送，都是包月的。”

“贵吗？”

“这次免费！你觉得好，再说嘛！”

◎

才三个钟头，小黄就被送回来了。头上还绑了个蝴蝶结，眼睛也不一样了，原先四周的长毛被修短，露出大大圆圆的眼睛。而且，臭狗狗变成了香狗狗，看到她更兴奋得像是久别重逢，又叫又跳又舔。

隔周，她主动请宠物店把小黄接去洗澡，并且趁机将笼子、盘子和地板好好清理了一番。看看表，怎么还没送回来？等了又等，她干脆自己跑去了宠物店。

“啊！你自己来了啊！我们正给它清耳朵呢！还有喂防‘心丝虫’的药。”老板娘把小黄抱出来，“才两个礼拜，就大多了耶！真活泼！真可爱！”

她把香香的小黄接过来，一手抱狗，一手掏皮包：“我是来给你钱的，笼子、盘子，还有洗澡包月，一共多少钱？对了，为什么我朋友的狗都有狗床？小黄也要一个，有没有好一点的？我还要一包狗牛肉干……还有尿布、狗粮和狗碗……”

孩子抱回家被母亲痛骂的流浪狗，
常常成为孩子离家后，母亲最贴心的陪伴。

小女生和老猫

大概爱花的人也多半爱小动物，所以不但在花市常看见带宠物的人，连动物保护协会也设了“专柜”，笼子里好多小狗，等人领养。有些人，像我，有心无力，又觉得对不起那些可爱的小狗，只好在捐款箱里投钱。

里面是狗，外面是猫，花市门口站着好几个年轻女人，各抱着一只猫，有些猫还穿着花花绿绿的衣服，缩在主人怀里。

我买了两盆花，放在地上，等车。注意到身边一个抱着猫的小女生，大概二十出头吧，只要有人经过，就怯生生地问："要不要猫？好可爱好聪明的猫！"

多半的人装作没听见，有人好奇驻足，则见小女生把衣襟打开，露出里面一只三花猫的圆脸。

"好丑哟！不要看！脸下一大块黑。"有个小孩好奇要看，被妈妈骂着拉走了。

"为什么不是小猫？这么大的猫很难养。"有人瞄一眼说，"没有人会要这种老猫。"

"这猫多大了？"一个妈妈型的女人，伸手摸摸女生怀里的猫，"脸长长的，是土猫。"

"可是很聪明、很健康，"女生说，"而且很贴心。"

"那是对你贴心，对别人就不一样了。"妈妈型的女人转身走了。

"是三花猫耶！三花猫多半是母的，对吗？"

一个看起来跟那猫主人差不多大的女生，倾身抓抓猫脸。

“对！是只母猫，可是已经动过手术，不会弄脏了。”小女生回答，“这只猫的毛特别细，你有没有感觉？而且它特别贴心、黏人，跟别的猫都不一样。”

“那你为什么把它送掉？”

“因为我要出国念书。”

“我毕业也要出国，所以我虽然想养，却不能养。”

“你什么时候毕业？”

“一年半以后。”

“那正好哇！你现在收养它，养到出国，我正好回来，你再还我，好不好？我的猫屋、猫厕所、猫沙、猫食都给你！”

“好像可以耶！”女生歪着头想想说，“等一下！”接着跑向马路边，原来正有个骑摩托车的男生等她，两个人在冷风里不知说什么。

就听这边的女生对着怀里的猫讲话：“大概有人会要你了！你要乖，才一年半，一年半妈妈就回来，妈妈会很用功，快快念完，回来接你，你要乖！你要乖乖……”女生说着说着居然哭了起来。

这时候我的车来了。钻进车，回头，看到那骑摩托车的男生突然一踩油门，走了。那想要猫的女生又转回猫主人的身边。冬天，黑得早，灰灰的暮色，远远的人影，以及奇怪的心情。

女人最大的弱点，
就是爱得太多。

爱死姑婆

少年时爬山，常看到满山坡的“姑婆芋”，叶子大的可以长达一米，有时候下雨，只要摘片姑婆芋的叶子，就能当伞。

这几年人们愈来愈欣赏观叶植物，姑婆芋也就从山林进入大厅。

看到一个专卖“观叶植物”的摊位，好多姑婆芋，勾起我早年的同忆。

“这大叶子的叫什么？”我故意问老板。

“佛手莲。”

“不是姑婆芋吗？”我说。

“也叫佛手莲啦！名字好听一点比较好卖。”

“姑婆芋是不是有毒啊？”我又问。

“有毒的好养，因为虫子不爱吃，你看这些！”老板指指四周的金钱树、黛粉叶，“哪个没毒？一个能吃死人，一个能把你毒成哑巴，谁让你吃啊！”

我一棵一棵看姑婆芋，下面一轮轮褐色带毛的粗干，活像芋头，每株都种在漂亮的大瓷盆罩里。

“为什么有些盆大，有些盆小？”我好奇地问，“有什么不同吗？还是因为有些是早种的，树长大，盆就变小了！”

“不！”老板说，“是要看客人的需要，男人最好买盆子大的，因为男人多半懒，好久才浇一次水，盆子大一点，水留得多，树不容易干死。”

“女人呢？”

“女人正好相反，女人心软，动不动就浇水，姑婆芋最怕水，水一多就烂，所以最好买盆口小的，里面土少，就算一直浇，也留不住多少水，姑婆芋才活得长。”

老板帮我把姑婆芋送回家，走的时候还东张西望：“你结婚了吗？你有老婆吗？小心啊！女人会偷偷浇水，多半的姑婆芋都是被女人爱死的！”

高古源自岁月，苍劲来自风霜。
宝剑由火里出，英雄自死里生。

断头奇术

二月的花市，万头攒动，迎春的、应景的、年节采买的，热闹极了。

有个摊位，占地不小，却没什么人。隔着几棵高大的梅花树，看见里面一个妇人，正坐在椅子上发呆。

“这么高的梅花树，怎么移来的啊？”我看着十几英尺高的红梅、白梅，好奇地问那妇人。

“运来的啊！很早很早，一棵棵躺着从山上运来，那时候车子可以直接开进来，不难！”妇人懒懒地说。跟其他卖应景小盆栽的摊位比，花市里凡是卖大树的，都不怎么招呼客人。因为想买的人自己会找上门，一般人就算爱，因为没有大院子种，也只能看看。

我一棵棵欣赏，每株都长得很劲挺，尤其小枝子，长长直直地从主干上钻出来，怪不得说“剑梅”，确实梅枝似剑。

走到最里面，眼睛一亮，跟前面搁在地上的大梅树不同，那里有张桌子上摆了个大陶盆，里面一棵树皮皲裂的老梅，先向盆子侧面横着长，又朝下伸出三英尺，再翻转向上，蹿出几茎剑梅。

“哗！真棒，怪不得藏在最里面。”我说。

“不是藏！”那女人一笑，“因为朝下，不能放地上，非架高不可。”

“太美了！既苍老又劲拔，有一种特别的精神，太不简单了！”我赞美不已。

“有什么不简单？”妇人又淡淡一笑，“狠一点就成了。”

“狠？”

“对！把好好的树挖出来，给它断头。”妇人比个杀头的手势，“然后把它弄倒，让原先朝上的枝干朝下，种在花盆里，没几年就长成这样子了。”

“真的啊？你做的？”

“不！”妇人猛摇头，摸摸身边的梅树，“我是女人，怎么下得了手？做盆景像养孩子，狠不下心，就不成材。”

即使被主人带到远方抛弃，狗仍然相信主人是在跟自己捉迷藏。
即使在找回家的路上被车撞死，狗的心里仍然想着主人和家。

忠狗的心事

她已经注意那只狗很久了。将近一个礼拜，每次她出去遛Lucky，那只狗都跟在不远的地方，但是只要她停下来盯着那只狗看，狗就偏过头去。有一天她试着蹲下来叫那只狗，狗猛摇尾巴，低着头，歪着身子，做出想靠近又害怕的样子。可惜这时候Lucky叫了两声，那狗就转身一溜烟地跑不见了。

不过隔天狗又来，而且登堂入室，进了她家。

她起先不知道，还是听Lucky叫，才发现那只狗正跟Lucky抢东西吃。其实也不是抢，虽然那只狗比Lucky大得多，但显然因为心虚，只敢站在Lucky身边，做出嘴馋的样子，只要Lucky一哼，它就往后退，搞不好连半口都没吃到呢！

她立刻另外拿了一碗狗食放在门边，示意那只狗过来吃。狗立刻懂了，怯生生地走过来，却站在碗前犹豫。

“吃啊！”她说。

那狗立刻把脸埋进碗里狼吞虎咽，没两下就舔得一干二净。

她又去倒了碗水，回头发现那狗已经不见了。

为这事，丈夫还责怪她不把门关好，幸亏进来的是只狗，要是贼，怎么办？

“有Lucky啊！Lucky会叫！”

“贵宾狗管屁用？一脚就被踢飞了。”

她突然灵光一闪：“所以如果那只狗留下来，

正好。”

◎

第二天，她出门就东张西望，期盼那只狗的出现。果然狗摇着尾巴从巷子另一头跑过来，而且一路跟到门口。

她故意把门开着，再多盛了一碗狗食，放在前天的位置。

那只狗先把鼻子伸进来，接着将门顶开，怯怯地盯着她看。

“来吃啊！”她指指碗。

“你饿很久了，对不对？瞧你，那么瘦，你的主人呢？”看狗狼吞虎咽，她对狗小声说。

狗好像听得懂，一边吃，一边看她，深黄色的短毛，眉头中间一条褐，看来像在皱眉，很忧郁的表情。

她蹲下去，一点点靠近，Lucky也吃完走过来，直对着那狗闻味道。“这是Lucky！”她摸着Lucky，向那狗介绍，又问，“你叫什么？叫小黄吗？”

◎

就这样，每天那狗都出现，跟着她和Lucky逛街，再跟进门吃晚餐。但是才吃完就会离开，而且一溜烟跑不见。

“这是只柴犬。”有一天丈夫下班，进门就说，“算是名犬，我上网查了，深黄色，从脸到腹部渐渐变成白的，尾巴朝上是黄的，朝下是白的，应该就是日本有名的柴犬。如果确定没主人，可以留下来。”

她兴奋地抱着丈夫亲，说：“就管它叫小黄吧！”

当天晚上小黄才进门，她就把门关上。小黄没有惊慌，照样把碗里的东西吃完。接着转身，走到门前，盯着门看了几眼，又哼了两声，接着躺在门边。

Lucky也表现得不错，站在小黄前面摇着尾巴走来走去，还过去闻了闻小黄的嘴。小黄没动也没叫，皱着眉，眼睛盯着她看，又显出楚楚可怜的样子。

天才亮，她就到附近电线杆上贴了小黄的照片，说她收留了一只这样的狗，请狗主人来认领。

好几天都没人来问。她好高兴，特别为小黄配了皮领圈，还带去兽医院打针。

“这狗大约六七岁，有人养过的。”兽医说，“看得出，脖子上以前有圈，可能弄掉了。”还说柴犬本来在日本当做猎犬或斗犬，后来被驯化成家犬。可是仍然保有原先的特质，对主人忠实，而且敢以小搏大、勇往直前。

从此，她出去遛狗，就一大一小、一白一黄，居然有好几个路人认得出小黄是柴犬，直赞美。只是每次人家盯着小黄看，她都紧张，生怕那是小黄原先的主人。

遛狗回来，她会小心地把门关好，她怕！怕小黄一下子又跑掉了。既然能从上一个主人那儿跑掉，当然也可能从她手上跑掉。

她还特别为小黄的狗牌刻上电话号码，免得小黄再一次走失。

可是，小黄又不见了。

这都怪她不小心，只顾着为狗摘链子，没把大门关好。小黄居然一声不响，像箭似的冲出门去，她追在后面叫，只看见小黄的影子一闪，消失在巷口。

她跑到邻近的每条巷子喊小黄，都没消息。

“小黄到哪儿去了？”那夜她醒了好几次，还把丈夫推醒问，“小黄怎么跑了呢？一个多月了，我对它不够好吗？”

“那狗没良心！走就走！走了好！”丈夫又转身睡了。

第二天，开门，小黄居然在门前坐着，她兴奋地蹲下身，把小黄抱住，再抓着颈圈，把小黄牵进门。只是，小黄走路一拐一拐的。

她马上把小黄带去看兽医。

“这后腿有点挫伤。”兽医说，“肌肉也淤血，像是被人狠狠打了，再不然，就是被车撞了！”

虽然伤得不严重，但是连续半个月，她都把小黄锁在家里，还特别买了个给狗上厕所的盘子，教小黄在屋里方便。

小黄似乎也知道自己错了，不再睡在大门口，总是跟Lucky一起偎在她脚边。那黑黑亮亮的眼睛一转一转，似乎藏了好多要说的话。

“妈妈爱！爱Lucky，也爱小黄！小黄要乖乖，别出去冒险了哟！”她像叮嘱孩子似的对小黄说。

可不是吗，结婚十年，不知看了多少医生，还是没能怀孕，她很空虚，很惶恐，很没安全感。可能因为听丈夫说柴犬特别忠心护主吧，自从有了小黄，她心里特别踏实，就算丈夫深夜不归，她也不怕。

这天，丈夫又一点多钟才回家，醉得进门就趴在鞋柜上吐。她帮丈夫把脏衣服脱掉，费尽了力气才扶进卧室。

鼾声很快地传来，她到门口收拾残局，发现大门开着，小黄又不见了。

站在漆黑的巷子里，她叫了几声："小黄！小黄！"怕惊扰了邻居，又穿好衣服，拿着狗链，到四周巷子找，一边找，一边哗啦哗啦地摇动狗链。因为每次小黄在家只要一听见狗链的响声，就会兴奋地过来。

只是小黄已经跑出去了，狗链也就失去了吸引力。

第二天，她跟丈夫吵了一架，整个早上都在哭。

中午，突然电话响。

"这是你的狗吗？牌子上有你的电话。"一个陌生男人的声音。

她立刻兴奋地找去。

是栋透天厝，门口有好多台阶，按电铃，出来个中年男人，什么都没说，就示意她进去。

一个女人坐在客厅里伸着腿，上面缠着纱布，瞪她一眼，也没说话。

男人继续带她往里屋走，推开一扇门，地上全是血，血里躺着小黄，还有个沾满血迹的棒球棒。

“是你的疯狗吧？它居然冲进我家……”男人的声音直发抖，“咬人！”

“咬人？”她一边喊一边冲进去把小黄抱起来，回头问，“咬人？”

“对！我才搬进来，它就跑来咬人。”

“疯狗！疯狗！”客厅里传来女人的嘶喊，“你养的疯狗！我要告你！”

警察进来做笔录，还跟着两个妇人，说是邻居。

“对啦！对啦！”妇人走到她面前，低头看了看她怀里满身鲜血的小黄，转身对另一个妇人说，“你来看嘛！就是以前那家养的狗啦！夭寿哟！人搬走，狗不带走，总回来找它主人！”

每种生物都有它们特别的聪明，有些会使用工具，
有些会利用战略，有些会彼此教育。
跟人类一样，它们一代比一代聪明，不断地进化。

天才鸟

天才

加拿大的冬天，是冰钓的好季节，一位渔人早晨在湖面的冰上钻了三个圆孔，再把挂了鱼饵的钓丝垂下去，接着就好整以暇地离开了。

中午渔人回去检视，第一个冰洞，棒极了！钓鱼线扯得很紧，拉上来，大鱼还扑啦扑啦地挣扎。第二

个洞，线松松的，没有鱼上钩，鱼饵却被吃光了。

第三个洞，奇怪了！整根长长的钓鱼线都留在冰上，鱼钩却是空的，没了饵也不见鱼。

“有人偷我的鱼！”渔人火大极了，四处搜寻，只见一片冰、一片白，小偷早跑了，只好自认倒霉，重新下饵。

傍晚，渔人再去，天哪！又有一个冰洞的钓鱼线摊在外面。更气人的是小偷好像存心讽刺，把没了肉的鱼骨留在洞边。

“非把你抓到不可！”渔人火大了，躲在帐篷里守望。

望了一下午，没半个贼影。天黑了，没办法看。第二天一早，再架起望远镜。天哪！水边一个小小的黑影，忽上忽下地又飞又跳，是“渡鸦”（Raven）！只见它先叼起鱼线，使劲扯，扯一段，用脚踩住，再继续扯，没两下就拉上一条鱼，接着一口接一口……

“早听说你们是最聪明的鸟，连童话故事里都说你们为了喝水，会叼石子放进水瓶里，让水位上升。”渔人看见手边正好有新买回的甜甜圈，灵光一闪，“你更爱吃甜甜圈对不对？好！我倒要考考你。”接着拿了三个甜甜圈，放在冰洞旁边。

那只渡鸦说不定飞在高空，远远盯着看。渔人前脚走，它后脚就飞来了，还一副做贼心虚的样子东张西望。没看到渔人，才开始吃。

太好吃了！只见那只大鸟狼吞虎咽、三口两口就吃下一个甜甜圈。

“你再吃啊！剩下两个，你还吃得下吗？看我把你撑死！”渔人远远地偷笑。正笑呢，却见渡鸦先把头钻过一个甜甜圈，再叼起另一个，翅膀一张，带着两个甜甜圈，飞走了！

射手

码头上有咖啡座，好多海鸥飞左飞右地尖叫，看到人们剩下的面包和薯条，就像箭似的冲下来抢食。有些游客甚至把薯条往高处扔，欣赏海鸥在空中接食的特技表演。

一只苍鹭站在旁边，它是美食家，不爱面包，也不喜欢薯条，它是吃鱼的，而且只吃活鱼，所以连游客丢出来的鱼排都不碰。

它默不出声地等待，一动不动地看海鸥争食，搞不好在心里嘲笑：“你们海鸥明明吃鱼，怎么改行当‘陆鸥’，捡垃圾了？”

突然，苍鹭动了，振翅飞向一张客人刚离开的桌子，叼起一小块面包。

它终于破戒，改行吃垃圾食物了吗？

错了！苍鹭没吃，它叼着面包直直往码头边上走，嘴一张，让面包落在水面，然后一动不动地盯着面包看。

突然，它的长脖子和尖喙闪电般射向水里。

接着，嘴里已经叼着一条活鱼飞走了。

小偷

一九二八年，英国的朴次茅斯（Portsmouth）有一只山鹊，正在动它的“小脑筋”：

“奇怪！为什么每天清晨那个大男孩都骑着脚踏车，在每家门口留下一瓶白白的液体，并且取走原先的空瓶子？”

山鹊有一天忍不住飞过去看。装满白色液体的瓶口有个扁平的盖子封着，没什么味道。空瓶子显然洗过，也没什么味道。

山鹊不死心。有一天，机会终于来了！一个老女人睡眼惺忪地送出一只空瓶子，大概忘了洗，瓶底还白白的。

瓶口很大，山鹊把头伸进去尝了一口：“哇！太好吃了！”

正兴奋呢，骑脚踏车的大男生来了，山鹊赶快躲开，等大男生拿走空瓶，留下满瓶，再飞回去，用力啄了瓶口。纸做的瓶盖，发出啵啵的声音。它死命啄，纸板凹陷了，旁边翘起一点。

它再用红红的尖嘴，咬住翘起的边缘，两脚拼命向前踢，啪！瓶盖终于被拉开。

好消息哟！好消息哟！山鹊的新发现，一个传一个，不过十年，全英国的山鹊都会开奶瓶了，使人们不得不把收取鲜奶的托盘改为结实的木箱。

参考书目：

①Life and Lore of the Common Raven, by Brain W. Swinn. Conservationist Magazine, U. S. A. Dec. 2005.

②Sensitive Souls: Senses and Communication in Plants, Animals and Microbes, by Brian J. Ford（《蒲公英的记忆》中译本，猫头鹰出版社，台北，2001）

亲情篇

瞄一眼他爸爸，
小男孩笑得很诡异：
“棉线虽然容易断，
但我不怕风筝飞不见，
只希望它能飞得高。”

伟大的爱是“死而后已”。
比伟大还伟大的母爱是“死而不已”。

妈妈的叮咛

巧巧放学，不顾好几个同学在后面叫她，一个劲儿地往家跑。今天是巧巧的九岁生日，她急着看妈妈寄来的生日礼物。

果然才进门，爸爸就把一个小盒子交给巧巧。每年妈妈的礼物都用好漂亮的包装纸，今年上面印的是蓝色的“纳美人”，妈妈一定在国外也看了《阿凡达》。爸爸说妈妈是计算机专家，最跟得上时代。

只是不知妈妈为什么到现在还用录像带，没有改成光盘。

爸爸帮巧巧把带子放进机器，就像每年一样坐在沙发上，搂着巧巧，一起看妈妈、听妈妈。

妈妈在国外一定很辛苦，看起来比去年又瘦了，她先对着巧巧笑，还把头左歪歪、右歪歪，好像在电视里端详巧巧。

“巧巧又长高了！巧巧更漂亮了！巧巧今天已经九岁，上小学四年级，再过两年，就是大小姐了。妈妈在巧巧的这个年岁长得瘦瘦小小，因为妈妈小时候家里穷、发育慢。不像巧巧生在最好的时候，住得好、吃得好，长得也快。大概你们班上有些女生已经开始对男生感兴趣了。还有些发育快的，只要再过两年，就会来MC了。MC，巧巧你当然不懂，那是月经，只有女生有，会从尿尿的地方流血，如果有一天你或你的女同学突然看到下面流血，千万别惊慌，你只要告诉老师，老师一定会教你们，那是正常的，表示你们长大了。

“但是巧巧长大更得小心，既然是小姐，就要有小姐的优雅与矜持，跟男生也要保持一定的距离。妈妈不是要巧巧不理男生哟！妈妈是希望巧巧长大之后更有分寸、更有风采、更有气质。

“巧巧大了，穿衣服也得注意，妈妈相信巧巧一定很有品位，知道怎么穿漂亮，而且受人尊重。巧巧大了，也该帮助做家事，妈妈不在，巧巧要为爸爸分忧分劳，帮爸爸洗碗、收拾房间，也可以学着用洗衣机、烘干机了。妈妈不在家，爸爸年岁又大，巧巧要帮妈妈照顾爸爸了。好不好？好不好？乖巧巧。”说到这儿，妈妈停住了，半天没开口，突然指指自己的肚子说：“把镜头拉开一点！”接着听到爸爸的声音：“你确定？拍……拍你的肚子？你要说了吗？”

“要说了！”电视里妈妈变远了，露出她的肚子。巧巧叫了起来：“妈妈大肚子了！”

妈妈好像听到巧巧的惊叫，笑了笑：“巧巧别觉得奇怪，妈妈的肚子好大，妈妈有了娃娃，而且就要生了。”妈妈突然捂着脸，慢慢把手放下，挂着眼泪又笑了，“妈妈好开心，终于撑到这时候。妈妈虽然坚持不做化疗，但还是撑下来了，现在任何一刻生产，都一定能有个健康的娃娃。巧巧！巧巧！妈妈的好宝宝，你一定要健健康康、快快乐乐，要注意自己的身体，别像妈妈，只能生，不能养。亲爱的妈妈的小宝贝！妈妈的小巧巧！妈妈不知道还能有多少时间对你说话，所以把为你下面两年想到的事也说了。巧巧，你不会觉得妈妈啰唆吧？妈妈多希望能天天跟你啰唆，妈妈多希望天天牵着你，看着你长大……”

电视画面没了，巧巧哭喊着：“妈妈回来！妈妈你回来看我啊！看我和爸爸啊！我们都好想你！你为什么不回来？”

爸爸也哭了，紧紧搂着巧巧：“妈妈从来都没离开过我们，你刚才看到妈妈，其实也看到你自己，你活在妈妈心里面，妈妈也永远活在我们心中……”

当茶叶逐渐沉落杯底，滋味才显得深长。
当“川剧变脸人”扯去最后一片“脸”，露出的总是本来面貌。
当年老时失去多半的记忆，留下的常是真心话。

老人的真心话

“这位太太贵姓？董！董仲舒的董？真巧！咱们是本家，这位先生呢？也姓董？还有……这位？噢！原来是董太太的两位少爷，真有福气！董太太真有福气！两位少爷。请坐！请坐！”老先生站起身，护士过去扶，“用不着你！”老先生沉声道，“瞎操心！”低头整了整西装领子，伸手，有点僵直地指着窗边的沙发，“坐！坐啊！”再使劲地左边回头、右边回头，看了看后面，一笑，“对不起啊！我老伴不在，她在就好了。”突然拉着嗓子喊，“倒茶啊！倒茶啊！”就见护士匆匆忙忙拿着茶杯和茶壶过来。

“我不能倒了！手不稳，摔了好几个茶壶了！我太太生气！唉！”他叹口气，“不该惹她生气。瞧！她都不来了。坐啊！坐啊！你们坐啊！”话才出口，就发现三人早坐了，只有自己还站着，老先生有点不好意思，往后退，退到椅子边上，慢慢弯腰。董家两个儿子赶紧跑过去，一左一右扶老先生坐下。

“您……董太太是吧？董太太真有福气，两位少爷，谢谢！谢谢！我也有两个儿子，都做事了，事业忙，不常来。我……苦命哪！唉！”老先生又长长叹口气，“我太太也苦命！跟我六十年，六十年喽！都苦命。她这大小姐，二十岁就嫁给我了，她爸爸先不愿意，怕她跟我这个军人吃苦。后来南京要失守了，才答应，那时兵荒马乱，连婚礼都没办，只说是订婚，第二天就跟我上了飞机，那时候哪还有塔台啊！

一架跟着一架呜啦呜啦地乱飞，居然没撞上。下来，就是台湾了。全家挤在一个小日本房子里，我太太，千金大小姐，拿着小煤球炉生火，火没着，熏一脸灰，头发都着了，坐在地上哭，哭哭哭，天天哭，想她娘。后来不哭了，隔一年，生了我大儿子，没奶，她又哭，孩子也哭，把她妈给的金戒指、金链子，都偷偷卖了。苦啊！那时候苦啊！两位大少爷！你们还年轻不知道，董……董太太是吧？您大概知道，那时候一到夏天大太阳，就拿棉被出去晒，还有床，竹子的，我跟我太太两人，把床抬到院子里用力往地上砸，就砸出来一堆臭虫。臭虫！你们知道吧？”老先生突然笑起来，拍拍躺椅把手，“就这下头，有缝的地方就藏臭虫，一关灯，就爬出来咬人，吸血，可痒了！我太太头上还起虱子，别看她千金大小姐，可狠啦！在头上倒DDT，再用布包起来，硬把虫子毒死。对！这么包，舍不得毛巾，就用儿子用剩下的尿布包。用完还舍不得扔，说留给老二用，我说有毒，把那布偷偷扔了，她还跟我吵，说浪费。我骂她两句，她哭，哭着说要回娘家，我说你回呀！没人拦你。”老先生低头看自己的两只脚，隔半天说，“这皮鞋擦得不干净！不是我太太擦的。唉！”又叹口气，“我年轻时候，一点也不体贴，不体谅太太的辛苦，老骂她。那时候我在部队，十天半个月才回家一趟，还骂她衣服烫得不平、鞋子擦得不亮。有时候我坐在床边，伸着脚，叫她重擦一遍，她就跪在地上给我擦，一边擦一边偷偷掉眼泪，掉在鞋子上。”老先生突然抬头对着后面喊，“这是谁擦的？一定不是我太太擦的。”转回头对着董太太，“您给您先生擦过鞋吗？我太太擦得可亮啦！您一定没擦过，这世上我见过的女人里，我太太受的苦最多，她今天不在家，改天，改天我介绍你们认识认识，哎哟！您干吗也掉眼泪啊？哎！哎！你们别走啊！我说错话了吗？护士！护士！护士请客人别走啊！”老先生硬撑着，要站起来，被护士压了下去。

门外是董老太太上下颤动的背影。还有她的两个儿子，一左一右，正安慰老娘："爸爸还能记得您的好，说他年轻的时候亏待了您，等了一辈子，他终于说真话了，您不是该高兴吗？"

据说梁启超本来不会那么早死，只因为医生在做摘肾手术时弄错了边。
据说X航花莲空难本来不该发生，只因为起飞时转错了方向。
据说每年不知有多少幼儿闷死在车上，只因为大人忘记了他们。
没有人想犯这么天大的错，只是错误总在发生。

妈妈的梦想

太阳斜斜照进来，正好晒到她的脚趾，蔻丹像家乡的相思豆，红红艳艳。每次看到脚趾上的蔻丹，她的心就暖暖的，尤其想到那些姐妹听说丈夫帮她擦蔻丹时的表情，她更得意。

当初，一排女孩轮着被叫出去，一屋子烟味，七八双色迷迷的眼睛。“大哥”还粗鲁地掀女孩裙子，又拿医生的鉴定书给那些人看。掀她裙子的时候，她弯腰尖叫了起来。“是看你的腿！”大哥狠狠给她一巴掌。幸亏这时候他在对面喊：“好了！好了！我选她。”

在飞机上，她问他：“不怕我腿上有什么见不得人的疤痕吗？”他不懂，她就指着自己的腿，又指指他的眼。他居然懂了，指指他自己的心，再很用力地竖起大拇指。

她的腿确实很美，美得令他惊艳，也愈发疼爱。每次出海回来，他都会带给她一些小首饰、小玩意儿，据说是跟对岸渔船换的。蔻丹也是他买的，还忙不迭地为她擦。她不要，说会影响做家事，他就指她的脚，还死命抱着她的腿，使她不得不笑着就范。

但是最近她连房事都拒绝，起先他露出惊讶和不悦的表情，直到她指指肚子，又用双手比出个圆形，他才兴奋得叫起来。

婆婆也高兴极了，从那天开始就不准她提重东西，所以当别人搬鱼的时候，她只能在旁边点数。幸亏两地语言虽然不同，阿拉伯数字还是一样的。

从知道怀孕，她就去外籍新娘识字班报了名，因为婆婆只会讲闽南语，丈夫又说不标准。

“我不会让你输在起跑点上。”她摸摸自己的肚子，“等你两岁的时候，妈妈一定能用标准中文为你说故事。”想到这儿，她笑了，用脚趾顽皮地拨弄着阳光，“妈妈还会教你唱越南儿歌。”

坐在对面的女人，原本低着头，突然抬起脸：“你唱的是……你是越南人？”

“是啊！”她笑笑，“听口音，你也是越南的。”

女人点点头，顿了一下：“你是来……”

“产检！”她指指肚子，“今天照超声波就知道男孩女孩了。”又盯着对方，“你，几个月了？”

女人没答，转头看窗外，再回头，眼里全是泪。

她赶快坐到那女人旁边：“怎么了？”

“我有了，但是不能要。我先生不要，他前妻已经生了三个。”

“你是你，你还可以生。”

“他不准啊！说他不是买我来生小孩的，怀孕是浪费。”两行泪水一下子滚落，“连我今天来堕胎，他都不陪。”

她不知道说什么好。在这儿，是自己的家，也不是自己的家，语言不通、文字不通，那个叫做“丈夫”的男人就是上帝。

不！应该说有人走运，碰到上帝；有人倒霉，遇见魔鬼。像这个叫秀兰的女人，同样才来五个月，连中文名字跟她都只差一个字，命运却差那么远。

两间诊疗室的门都开了，护士探出头来喊她们的名字。她站起身，握住那女人的手，不知说什么，只好又用力握了握，快步冲进去。

又要填表格。今天丈夫出海没来，她看不懂，就签了自己的越南名字。

“我要快点把中文学会，给孩子取个很好的名字。如果是男孩，要很壮；如果是女儿，要很美。”

躺在检查台上，她想，“孩子大些，我要带他回家乡，看外婆。”眼前浮起一个娃娃在晒谷场上跑来跑去的画面，她在后面追都追不上。追了好远好远，追得她上气不接下气，醒过来，腿都软了。“是男孩还是女孩？”她问护士小姐。

护士小姐说好像是男孩。

她笑了，笑得很灿烂，想到丈夫和婆婆兴奋的表情。

走出诊疗室，那女人已经坐在那儿，手里拿着一个信封。

“痛吗？”她先开口。

“不痛！一下子就好了。”抬头，“你呢？”

“我倒会痛，是个男生……”

“李秀兰！”护士突然跑出来，递张纸条给她，“你要去拿药，懂吗？拿……药！”又指指那女人，“林秀莲！你还在这儿等什么？快回去把超声波给你丈夫看，恭喜啊！”

远行的孩子倒在中途，
常因为父母给了太重的包袱。

要他们飞得高

秋日傍晚，公园里有好多人放风筝。有孩子拉着线猛跑，有家长大呼小叫地指挥，有的风筝刚起飞就扭来扭去地坠下，还有些稳稳地飞在高空。

风筝多半一个样子，原来是公园边小贩卖的组合风筝。我想给女儿买一个，却发现组合风筝只能在几十米的低空飞。至于在高空飞翔的，没有一个类似。我问小贩，有没有能高飞的。

“那是专家玩的，太贵！我们不卖。”小贩指指公园边上的几个人影，“你去问问他们。”

走过暮色，看清那几个人，大概怕外行人的风筝搅局，他们全躲在公园的西侧，而且不像一般放风筝的人手里攥着线圈，而是在胸前挂着一个大大的“绞盘”，活像海钓渔船上用的。

“确实跟海钓差不多。”一个四十岁左右的男人，一边盯着几百米高的风筝，一边说，“用的也是钓鱼线。太重，只好背在身上。”

我又去看旁边另一位，居然是十一二岁的孩子。他胸前也挂个绞盘，小得多，风筝却飞得更高，几乎进了云。

“天要黑了，还不回家？”我问。

孩子指指刚才那位男士：“那是我爸爸。”

“噢！怪不得。”我笑道，“不简单！你的风筝比你爸爸的还飞得高耶！”

“当然！他用塑料线，我用棉线，当然我的能飞。”看我不懂，他继续说，“你知道风筝为什么飞不高吗？因为线太重。你想嘛！那么长的钓鱼线，挂在人身上都嫌重，一个小小的风筝，能拖得了多远？”瞄一眼他爸爸，小男孩笑得很诡异，“棉线虽然容易断，但我不怕风筝飞不见，只希望它能飞得高。”

深长的爱，常因为深长的体谅。
陈年老酒，总需要耐心的等待。

照夜白

十五年前，她丈夫去世之后，每次朋友操心他们母子的生活，她都笑笑说："还好！我老公留下一卷名画，值不少钱，真急了，大不了卖掉。"她的儿子想必也知道，提到如果考不上公立大学，私立的学费不低，也自信满满："还好！我爸留下一卷好画，大不了卖了。"

有一天，她果然抱着一个匣子来找我，一边打开盖子，一边说："不得已，得卖了，您看看值多少？"她小心翼翼地拿出个手卷，题签上写着"韩干照夜白"。我一怔，沉吟道："韩干照夜白？韩干是唐代画马的名家。"

"是啊！所以我丈夫说是国宝级的。"

我没吭气，慢慢打开手卷，没看两英尺，已经确定：假的！且不说画笔不精，连伪刻的印章都拙陋。

只是我不知该怎么说。

偏偏她还喜滋滋地指着画说："乾隆皇帝也收藏过耶！"

我犹豫再三，还是心一横，说："抱歉！我得告诉您实话，这是假的！"

她的脸一下子苍白了，扶着桌子，往下坐，没坐上椅子，滑到了地上。我赶紧过去扶，她却把手一挥，蒙着脸。

我看不见她的表情，看到的只是一片花白的头发。

"您确定？"她低着头问。

“确定！而且这是仿的，原件藏在纽约大都会博物馆。”

她没再说，站起身，以很快的速度收好那卷画。临走，她用硬硬的声音说：“求求您！可别让我儿子知道，他要是问，就说是真的。”

后来有一次遇上他们母子，谈到留学，那大男生又自信满满地说：“我们不怕！我们有爸爸留下的无价之宝。”

我立刻心一揪。

今年二月，我去纽约大都会博物馆，才走进明轩，就看见一位男士正贴着橱窗看那幅著名的手卷。画中是骠壮硕骏、鬃毛直立、昂首扬蹄，想要挣脱缰索的白马。旁边有南唐李后主书“韩干画照夜白”。

男士见我靠近，微微让位，抬头，挺面熟，不是……

“我妈去年过世了，也是心脏病，走得突然。”已经在大学教书的男士有点腼腆，“我特别从芝加哥过来，看这幅画。”

“你们家……”

“我爸也留给我们一幅，假的。因为高中美术课本上印了这张画，我早就知道真迹在这儿。所幸我妈不知道，她一直认为是真的。”他笑笑，“也多亏那张假画，我怕我妈拿去卖，知道是假的，一下子崩溃，所以拼命用功，一路拿奖学金。”

“那张画……”

“我带来美国了，常看，觉得它比这幅真的还真，真是一匹仰首长嘶的照夜白。”

走出博物馆，我站在门口好几分钟，心想是不是该回去，告诉他，其实他妈妈早知道画是假的。只是又想起答应过他母亲……

眼前突然飘起密密的雪花。

故园风味令人思乡，所幸在异乡也能找到故园风味。
妈妈的味道令人想家，所幸妈妈可以来到我们的家。
一首歌可以让我们回到曾经的岁月，
一颗糖能够令我们想见可爱的童年。
只有到了那一刻，才发觉“心蕾”已经取代了“味蕾”。
只有到了那一天，才惊觉心与胃竟然紧紧相连。

粽子的滋味

看到英国《每日邮报》的新闻，说一台用了五十六年的古董冰箱，最近在“寻找最老冰箱”的活动里获胜，可以“旧箱换新箱”，得到一台最新型的冰箱。

我脑海里立刻浮现以前研究所同学毛毛的冰箱。那时候的留学生都穷，不是租地下室，就是住阁楼。毛毛住在阁楼上，屋子很小，顶子还是斜的，就在斜斜靠角落的位置摆了这么一台当时已经够古老的冰箱。

“好老的冰箱哟！”几乎每个看到的同学，都会叫起来，还有人说活像电影里的布景。

“老是老，可是很好用。不大也不小，放在这斜屋顶的地方正好。唯一的缺点是门上没有摆瓶子的地方，高一点的瓶子都得躺着。还有，就是门太重，关门砰一声，好像整个屋子都会震动。”每次毛毛都这么回答。

可不是吗？我也好几次被关冰箱的“地震”吓一跳，觉得那台老得发黄、厚得惊人，又圆头圆脑的冰箱，活像个白色的坦克车。

更令人难忘的是冰库，小小的，没有除霜的装置，毛毛又懒，冰霜像厚厚的白雪，从里面冻到外面。每次拿“粘”在里面的“制冰盒”都好像打仗，得用力扯，扯出那金属盒子，再扳上面的把手，使尽吃奶的力气都不动，咣当一声动了，又把冰块崩得满天满地。

记得有一回几个同学在她家聚会，冰箱空了，毛毛出去采买，我又崩了一地的冰块，实在火大，怪毛毛不除霜，又想正好冰箱空了，可以帮她清理一下，就把电源关掉。夏天阁楼热，冰库很快就滴水了。我还等不及，用餐刀进去撬，把厚厚的冰霜一块块撬下来。撬到最深处，有一块东西，啪啦一声弹出来，滑得老远，正巧滑到一个男同学的脚边。他捡起来说："好像是个小粽子耶！好久没吃粽子了，我饿了，不知道能不能吃！"

"想吃就吃！我看放八百年，毛毛早忘了。"我说。

那同学就把粽子扔进旁边的微波炉，接着飘出粽叶的味道。也没等微波炉"嘀嘀"叫，他就把粽子提了出来，居然还是草绳绑的，才提出来，粽子就脱落了，掉在地上。

那同学赶紧捡起来，剥开粽叶。"什么也没有，黄黄的，是碱水粽，”同学咬了一口，又一伸舌头，“难吃死了！不晓得摆了几百年，苦的！”啪！扔进垃圾桶。

就在这时候，毛毛回来了，问：“什么味道？”

“粽子！”

“粽子？”毛毛一怔，“哪里来的粽子？”

“你冰箱里的，你大概早忘了！坏的！”那同学指指嘴，“我吃一口，都麻了！”

“粽子呢？”

“扔了！”

毛毛没答话，转身冲到垃圾桶，捡起里面的粽子，捧到面前小小心心地咬一口，又一口。

“坏了耶！你还吃？”我提醒她。

“谁说坏了？没坏！没坏！我一直舍不得吃，藏着！”

“藏着？”

“这是我从台湾带来的粽子！我妈包的！”

“请你妈妈再包啊！”

毛毛没说话，继续低头吃，吃完了，还舔粽子皮。突然一屁股坐在地上，张着大嘴，哭了！

今天，毛毛哭的样子又浮现在我眼前，她捧着粽叶、咧着嘴，嘴里全是米粒，眼泪夹着鼻涕哇哇地大声哭：“谁让你们吃我的粽子？你们知道吗？我妈死了！死两年多了！我再也吃不到我妈的粽子了……”

老范是因伤而死，还是因为输血而死？
如果你是老范，知道自己已经无救，你会怎么说？
如果你是范太太，面对丈夫和自己的尊严，你会怎么讲？
认知人性就是认知生命，
守住秘密常能守住幸福。

爸爸的心事

每天走出矿坑，老范都累得直不起腰，但是只要想到进家门时女儿跑过来的笑脸，老范就在心里笑了。

“不能抱！不能抱！爸爸身上脏！”那天老范急急忙忙地把矿工服脱下，擦擦脸，擦擦身子，再把女儿抱起，放在腿上。

女儿喜欢跟爸爸玩骑大马，坐在老范的腿上，由老范把腿颠啊颠的，好像马在跑。老范还一边颠一边喊：“瞧！前面有条河，咱们加把劲，跳过去！”接着用力把腿抬得高高的，再慢慢放下来，活像骑马纵身跳过一条河。女儿则瞪大眼睛，直摸胸口，说：“好险！好险！”

那天他们又玩骑大马。

老范已经五十八岁了，这马是愈来愈跑不动了。“大马到家了！大马到家了！”老范气喘吁吁地对女儿说。女儿还赖着不下来，抓着爸爸脖子上的牌子念：“鼓北矿场。”

“不错！不错！”老范夸女儿，“娃娃真棒，会认这么难的字了！”

“爸爸的血型是零！”女儿继续念小牌子上的字。

“不是零，是O！O型血。”老范说。

“我知道！我知道！今天老师教了！”女儿一边喊，一边跑进屋，接着抱了课本出来，指着课文念念有词，“爸爸是O型，我是AB型，妈妈是……妈妈是……”

“妈妈是A型。去年妈妈动手术，输的是A型，爸爸记得清清楚楚。”老范说。

“可是……可是……A型的妈妈和O型的爸爸怎么会生出我的AB型呢？”女儿抱着书看了老半天，歪着头问。

老范大吃一惊：

“一定验错了！叫妈妈带你去医院再验一次。弄错还得了？”

隔天老范就叫太太带女儿去验血。

“医生说AB型没错！”老范才进门女儿就扑过来喊，“一定是爸爸的错了！”

“对对对！一定是爸爸错了。矿场验的，又是十几年前，太落伍！爸爸明天就去重验。”

隔天下午老范特别请假，去医院。

结果马上就出来了，老范为了确定，还坚持多缴钱，再验一次。

“确实以前验错了！”老范回家，照例把女儿抱在腿上，指着自己胸前挂的牌子说，“上面打错了！爸爸是B型。幸亏娃娃发现，不然出了事，输O型血，爸爸非死不可。”

妈妈也直骂：“矿场是浑蛋！这能错吗？害我紧张得几天没睡好！”

怎那么巧，才说完一个礼拜，矿场就坍了。救难人员花了一天一夜，才把几十个陷身的矿工救出来。

老范被抬出来的时候，脸上全是黑煤灰，擦一擦，又白得像张纸。

“快救我丈夫！救我丈夫啊！”范太太嘶声喊。女儿也扑在爸爸身上喊：“爸爸！爸爸！爸爸你醒醒！”

现场一片混乱，全是受伤矿工和家属的哀号。总算有个穿白衣服的人过来，拉出老范脖子上的小铝牌瞄一眼，对护士喊：“输血！O型！”

“不！不！不！是B型。”老范的女儿喊，“牌子上的不对！”

“B型，你确定？”护士问，又看看老范的太太，

“你先生的血型是O还是B？”

范太太大概惊吓过度，居然呆在那儿，没反应。幸亏老范醒了，气若游丝地说：“B！”

只怪老范年岁太大，又压断一条腿，连输了两大袋血，还是没能救回来。

他临终没交代太太任何话，只拉着女儿的手说：

“爸爸死也不信，你不是爸爸的亲生娃娃！”

陈年的老酒很醇，
陈年的爱也很醇。
没了激情，没了性；没了欢愉，没了戏，
甚至没了记忆。
留下的只是：守着一点炉火余温的惺惺相惜。

温莎公爵的品位

温莎公爵夫人的无价珠宝在伦敦拍卖。

“我记得这条项链。”他把报纸送到她眼前。

她摇摇头。

“三十年前的事，难怪你忘了，可我没忘。”他起身走进书房。没多久，他拿着一本红色封面的精装书出来。“记得这本书吗？还有，记得这个封面上的老女人吗？”他把书放在她腿上。

她又摇摇头。

他笑了，把书拿回来，翻，翻到其中一页，再和报纸一起举给她看："你瞧！我没说错吧！当年咱们看过，是不是一模一样？记不记得咱们还骂过她？"他指指书上的照片。一个老男人搂着一个老女人，女人的脖子上，戴的正是那条红蓝宝石和珍珠穿成的项链。

"记不记得那时你还说什么'人老簪花不自羞，花应羞上老人头'？说这么漂亮的项链挂在那个老女人的鸡脖子上，真恶心死了，让你想吐！还说爱德华八世不爱江山爱美人，怎会爱这么个丑八怪。"他转头，盯着她的脸问，"你记得了吧？"

她还是摇摇头。

"看到，你就会记得了！"他说完就拨电话给属下，"下标！无论喊到多高，非拿到不可！"

◎

才一个礼拜，东西就送到了。他把那蓝丝绒的心形盒子捧到她面前，慢慢打开，放在她腿上，再小心翼翼地拿出那项链，解开上面镶红宝石的扣子，站起身，绕到她背后，颤颤悠悠地为她挂上。

“多漂亮！”他一边喘气，一边把轮椅推到镜子前，“这么名贵的东西，只有戴在你这样贵妇的脖子上，才不会显得像暴发户，你说对不对？”

她看看镜子里那个呆滞清癯的面容，和下面的鸡脖子，还有，那串华丽的项链，摇摇头。

有些谎话说久了，说谎的人也会忘记真假。
看来很真的假情假意，如果持续一辈子，那假也成了真。
不会表现的真心诚意，如果深藏一辈子，那真也等于假。

妈妈的谎言

大概每个小孩都会对自己是“怎么出来的”感到好奇，但是他从来没有这样的疑惑，甚至在同学们争吵是从妈妈屁股还是肚脐里出来的时候，他会很神气地带同学回家，要妈妈脱下裤子给同学看。

妈妈不同意，他就大哭大闹，逼得妈妈只好解开腰带，露出那条由肚脐直下耻毛间的疤痕。

多可怕啊！那么长，那么红，还亮亮的，好像只有薄薄一层皮，一碰就会流血似的。还看得到两边好多斑点，妈妈说是开刀缝线的痕迹……

每次同学们惊讶得张大嘴巴，他都觉得很得意。“因为我妈妈把肚子割开大大一个口子，才生出我，她最疼最痛，所以我最聪明。”

他确实聪明，从小到大样样好，人人都说他是天才。

后来他从课本上学到孩子是怎么生的，回家质问妈妈。妈妈不得不承认，肚子上的疤痕是子宫切除造成的。但是妈妈又编了另一套说法：

“你知道你为什么比别人聪明吗？因为爸爸妈妈生你的时候都很老了，人愈老愈聪明，生的孩子也愈聪明。所以别怨你爸爸早死，他没早死，只是你晚生。也别怪妈妈不能像同学的妈妈一样跟你爬山，妈妈能把你生下，已经够辛苦了。高龄产妇嘛，骨头硬了，生你疼了一天一夜，你又顽皮，赖着不出来，妈妈差点死在产房。”

又过了许多年，他太太怀了孕。妈妈开始发表更新的言论，总指着媳妇的肚子对他说：“有孩子了，你们俩千万别再做那件事儿，忍着！你知道你为什么特别聪明吗？因为自妈怀了你，就没跟你爸爸亲热过一次。你没吃到脏东西，所以冰雪聪明！”

这件事，他信了，再也不敢碰怀孕的妻子：“妈妈说得对！想生个冰雪聪明的孩子，就不能让胎儿吃到脏东西！”

从娃娃出生，就睡到了奶奶床上。他经过母亲门外，又总见老人家解开腰带，指着那道伤疤说：“你爹是从奶奶这儿生出来的，用刀切开肚皮，流好多血，奶奶好疼啊！就因为奶奶做了牺牲，所以你爸爸会那么聪明。”

“骗一个不够，还骗第二个。”他几次对母亲说，“别给我找麻烦！”

确实麻烦，因为孩子总是拉着妈妈的裤子说要看“割肚皮的疼疼”。

儿子倒是真像他一样聪明，也样样拿第一，成为公认的小才子。

这一天，走进母亲的病房，又听见奶奶对孙子颤悠悠地说：

“你长大了要学法律！你爷爷是日本法政大学毕业的，你爷爷的爸爸是县太爷！临安第一所现代学堂就是你爷爷建的！因为有这么好的遗传，你才会这么聪明。”

他很不高兴地打断老母的话：“爸爸不是只有高中毕业吗？你怎么又编故事骗孩子了？”

九十岁的老母居然生气了，把脸背过去，大喘着气：

“对！我是会编故事，骗你骗了一辈子。可是就今天，我没编。”说完，突然用棉被盖住脸，“我要死了，不编了！今天说的全是真话。”

警世篇

果然有路，是一条田间的产业道路，
没半盏路灯，又没月亮，好像开进无边的黑洞。

一棵挡在门前多年的树，如果木已成荫，就别把它砍了吧！
因为鸟儿已在树上筑巢，枝头正在开花结果，
你的孩子总在下面玩耍。

尸体滚回去

日军遗族的家属纷纷向岛民陈情：

“让他们的灵魂安息吧！”

“我伯父二十岁就死了，没结婚又没孩子，谁能来做这件事啊？”

“我父亲已经在这儿睡了半个世纪，我们年年来祭拜他，但是不希望移动他、打扰他。”

“他们的遗体困在船舱里，压在船壳下，就算找到

了也很难辨认！何况在水底下三十米，很难打捞哇！”

但是岛民群情激愤：

“对的！五十年，你们已经污染我们的海水五十年了！”

“我们上一代就因为这个，不敢潜水玩耍，甚至不敢吃那里打捞上来的鱼，怕鱼是吃尸体长大的。”

“是你们的军舰、你们的军人，你们早就该运走！”

“我们已经忍受半世纪了，还要再忍下去吗？”

◎

日军的遗族终于凑足钱，把三艘沉船打捞起来，找到遗骨，火化，再一盒一盒地捧回国去。

岛民满意了！许多人说早就该觉醒，把那些死尸赶回去，都怪早年穷困，没有发声的能力。所幸后来观光发展，才能经济独立，站起来！

问题是沉舰和遗骸都没了，观光客也少了。好多游客看见电视上播出捞船和捡骨的画面，吓得当天就跑了。连原先爱戏水的小孩也不再下水，一个吓一个地说：那些睡了五十年的日本鬼，被捞起来，又活了！

更糟糕的是，原先每年携家带小前来祭拜的日军遗族，既然已经请走了先人的遗骨，就再也不来了。那些总是接待遗族的旅馆空了，连卖鲜花的摊贩也没了生意。

这南太平洋的小岛确实恢复了早年的平静，连岛民都受不了贫苦而一一离开。

当你发现股市狂跌，有两种选择：
一个是认亏服输，停损卖出；
一个是坚持到底，死抱不放！
当你碰上恶势力，也有两种选择：
一个是好汉不吃眼前亏地认倒霉；
一个是不信正义不抬头地干到底！

骆马奇遇记

旅行团来到安第斯山的这个小城，下午虽说是自由活动，其实也有活动，只是要另外收钱。

“这城里挺有意思的。”约翰对芬妮说，“何必多花钱往山顶跑，咱们在城里逛逛就成了。”

“可不是嘛！一路上，这也收钱，那也收钱，口袋都快被导游掏空了。”

两人走出小旅店，沿着路边的石墙往山下走。好一片葱绿的田野，一坡连一坡地往山脚延伸，上面一块深一块浅，原来是天光云影的变化。

“太美了！”约翰举起相机，连着为芬妮拍了五六张，又加上广角镜头和滤光镜，拍了几张“纯风景”。

突然听见叮当叮当的声音，一个穿着短短红背心和黑色宽口裤的小男生，从石墙间的窄巷里走出来。接着，天呐！冒出个脖子上挂满铃铛和红色毛线球的小头，还有后面毛茸茸的大身子。

“是骆马！是骆马耶！”芬妮兴奋地叫，“而且是只好可爱的小骆马！我要跟它合照。”

约翰对小男孩招手，语言不通，但是用照相机比一比，小孩就露出一嘴白白的牙齿，猛点头。

芬妮立刻跑过去，可又有点怕，因为导游说骆马会对人喷口水。

小男孩笑了，用手在骆马嘴前比了比，又拉紧缰绳，不准骆马转头，约翰则对小男孩比比手势，要他一起拍。小男孩马上懂了，又露出一排白白的牙齿。

咔嚓！咔嚓！咔嚓！约翰为芬妮拍了三张，跑过去“秀”给芬妮看。“太棒了！太棒了！”芬妮好高兴，掏皮包，找了一块钱美金赏给小男孩。

小男孩先愣了一下，拿着钞票翻过来翻过去地看，接着指指约翰和芬妮，用手比个照相的动作。

“太好了！你会拍？”约翰把相机调整好，再交给小男孩，示意快门的位置。

小男孩先把拴骆马的缰绳交到约翰手里，再举起相机为两人拍了两张，还改变角度，从下往上，用整个山城做背景，拍了三张。

“二十！”小男孩伸手，“美金。”他居然会说英语。

“二十？”约翰不敢相信自己的耳朵。芬妮则掏出两块钱美金递过去，“你说错了，是两块吧？”

“不！二十块美金。”小男孩居然拒收。

“没有！”约翰有点不高兴，“只有两块，你要不要？不要就算了！”

小男孩没做声，冷不防地突然转身，飞快地跑进刚才出来的巷子，不见了。

“天哪！他拿走了我的相机。”约翰对着巷子大声喊，“我的相机！我的相机！”

巷子里静悄悄的，没一点回音。

“幸亏骆马在我们手上，我们找他去。”约翰牵着骆马往巷子里走。好窄好窄的巷子，两侧是石墙，中间是石板路面，高高低低地沿山而上，走得两人气喘吁吁，却没见半个人影。就算有人家，也都关着门。

突然听见吼叫，接着从上坡跑来一个花白胡子的老头，冲过来一把抢过约翰手里的缰绳。“你为什么偷我的骆马？”老头居然也讲英语。话才完，也不知从哪里又冒出三个人，把约翰和芬妮围在当中，呱啦呱啦地指指点点。

“你的小孩拿走了我的照相机。”约翰对老人说。

“他没有小孩。”旁边的人说。

“那是谁拿走了我的照相机？这骆马是那小孩交给我的。”

“我没有小孩！你为什么偷我的骆马？你们是贼！”老头对约翰吼，又一伸手，“赔钱！五十块美金！”

芬妮尖叫了起来：“什么？五十块？你们是干什么的？抢劫吗？我们去找警察。”

“好！”四个人居然异口同声地说，接着半推半拉地带着两人在巷子里转西转东，居然真有间像是警察局的小房子。

出来一个奇矮的穿黑色制服的警察，先听那老头说一堆，再带两人进去填表格。又指着芬妮的皮包，要她把东西一样样拿出来摊在桌上，还左翻翻右翻翻，看她的各种证件和信用卡。

“刷卡吧！”警察抽出一张卡，又从抽屉里掏出个刷卡机，“给他五十块算了！他一个人，确实没有小孩，骆马又在你们手上。赔他一点钱，免得麻烦！

搞不好还得坐牢。”

回到小旅馆，芬妮坐在门口石阶上哭，约翰正安慰，看见导游领着几个团员回来。

“哎呀！你们被骗了啦！”导游叹了口气。

“问题是，我的相机被小男孩抢跑了。那是专业相机，很贵很贵，而且里面有一路拍的照片。”

导游又叹了口气，沉吟了一阵，拍拍约翰：“我帮你去找。只是……恐怕得花点钱。”

“多少？”

“一百美金！”

当顽皮小孩偷走导游的旗子，
常常也能偷走整个旅行团。

墓园何在

老朋友的告别仪式结束了，大家纷纷跑去教堂停车场开车，安安静静、秩序井然地，一辆接一辆跟在灵车后面慢慢向墓园行进。

“糟了！”詹宁医生的太太拍了老公一下，“我们得回去。我忘了炉子上还煮着东西呢！”

詹宁医生赶紧一转方向盘，脱队往家开。跑进门，还好开的是小火，东西没烧焦。

想想已经脱队，又搞不清楚是去哪个墓园，两口子决定留在家里。

突然门铃响，开门，外面站了好多人，路上停了一长排车子。

“你们怎么不走了？”外面的人问，“我们跟跟跟，怎么跟到你家来了？”

古董店的灯光常常也很古董，暗暗的，专骗那些见猎心喜、以为捡到大便宜的收藏家。

得意时小心忘形，见猎时注意心喜，乐极时容易生悲。

艳遇

才下飞机，他就被三年不见的老同学拉去吃饭。“我来开会，在酒店用餐可以报公账。”他说，“到酒店去吧！我请客。”

“笑话！别忘了这是我的地盘。”老同学差点翻脸，他只好从了。

铁板烧，听说是当地最好的，气氛果然不同。还有酒廊，传来驻唱女子妖娆的身影和歌声。

同桌除了一对带了两个孩子的夫妻，还有位小姐。不！应该是熟女，三十多岁。大概因为他和老同学敬酒太大声，熟女瞪了他一眼。

“那美女好像对你有意思耶！”老同学说，“偷偷看你好几眼了。好机会！我给你牵个线吧！”没等他答话，就叫服务生过来。

熟女先一愣，接着笑了。居然隔着那家人举起酒杯，用嘴唇示意，说了声“谢啦”。

他也举杯，用嘴唇表示了“不客气”。便见熟女眼波一转，还仰脸，甩了甩头发。他的心一颤。

正餐用完，在咖啡座用甜点，熟女先起身，好像故意绕道经过他们，对他微微挑了挑嘴角。他的心又一颤。

“那美女真对你有意思耶！”老同学用手指捅了捅他，“把握机会！”说着，便急着拉他去咖啡座。

熟女已经在那儿，旁边三个位子空着。老同学居然带他直直走过去，问一声“旁边有人坐吗”，看熟女摇摇头，就又捅了他一下，接着说去付账。

他在熟女对面有点不安地坐下。

“把手提箱放在这儿！”熟女指指身旁的空位，又笑了，“有什么了不得的宝贝？怕我啊？”

他愣了一下，把箱子放过去。服务生过来，说老同学有事先走了，明天联络，又问他喝点什么。他还没会意，熟女先开口了：“两杯威士忌，double！”又对他一笑，“这回换我请。”

走出餐馆，他的步子都不稳了，还坚持送熟女回家。这是礼貌，何况已经深夜。

他在车子里递出名片，熟女眼睛一亮：“来开会？明天就走？太赶了吧？”突然轻拍一下他的大腿，“对不起！忘了，经理！您是大忙人。”又说她也从商，一个人出来散心。还一路指点司机左转右转，到了家门。他伸手要握，熟女脸一偏，手伸一半，缩回去了，转身，又一扭腰，回头笑笑：“不进来坐？”

在电梯里两人就拥吻了，干柴烈火，简直是一手伸进衣服，一手搂着腰进门。

嗬！房子虽不大，可真精致，看得出主人的品位。他的心放下，也更狂野了。结婚十年，每天忙得昏天黑地，连外面女人的手都没碰过，没想到今天能有这么个艳遇。他一边脱衣服，一边偷偷把手机关上。

“戴套子！”紧要关头，熟女突然冒出一句。

“你没有吗？”

“笑话！你以为我是什么人？”

“我去买！”他跳下床，匆匆忙忙穿上裤子，连上衣和袜子都没来得及穿，就把西装外套一披冲出门去。

走出大楼，迎面一阵冷风，他不禁打个寒战，四面黑黢黢的，没一家商店。他往旁边巷子转，仍然黑黢黢的，大概是新开发区吧！又顶着寒风走了好几条巷子，才看到一间便利商店。

所幸有套子卖。可是掏钱，他才发现皮夹子在衬衫口袋里。“对不起啊！忘了带钱。”他不好意思地把套子交还店员，急急冲出门去，循原路左转右转，跑回那栋大楼。不！应该说是好几栋二十层的高楼。

他猛地站定，盯着高楼看，几百个窗子，明明灭灭的灯光。问题是，熟女住哪一栋？还有，哪一楼？哪一户？他的心突然一震，发现自己居然连电梯停在第几层都没注意。掏口袋，天哪！手机留在熟女桌上了。

总算找到小区管理中心，又不知怎么说，吞吞吐吐了半天：“这里有没有……一位三十多岁的……年轻漂亮的小姐？”

管理员说：“三十多岁的小姐多了，都漂亮。”接着站起来，眼一瞪，“你想干什么？找小姐吗？找错地方了！”

他又狼狈地跑回便利商店，说自己出了状况。

店员盯着他裸露的胸口，一脸狐疑，但还是让他拨了电话。他很聪明地拨给自己的手机，心想只要一直响，熟女接起来就成了。问题是，直接上了答录机，才想到刚才已经把手机关了。

打电话给老同学？不记得号码，电话全在手机里。倒知道酒店，问题是身上一文不名，怎么叫车？这样子，怎么去？碰上其他公司的代表，怎么说？明天开会又怎么见人？

他的头皮发麻，心脏好像失速似的坠落。“开会的资料和换洗的衬衫全在箱子里。”

还是先找那位老同学吧！这么晚，唯一的办法是问太太。他要求店员，再拨个电话。

老婆接的：“三更半夜，你野到哪里去了？”

“我跟朋友讨论明天开会的事。”

“去你的！刚才一个女人打电话来，说你的东西都留在她家，叫你回去拿。”啪！电话挂了！

远水不救近火，远亲不如近邻。
信誓旦旦不如当下即是，放下屠刀可以立地成佛。

地震天兵

南美洲某偏远山区的小城遭遇强烈地震。贫苦的居民，房子都是土夯的，一震全垮了。又因为发生在深夜，居民多半被压在废墟里。

四处一片哀号求救的哭喊。

问题是小城离县城百里，山路震得柔肠寸断。别说援救人员得花时间组织，就算出发，一时也到不了。

所幸地震发生不到半小时，一群天兵就出现了，而且个个身手矫健。只见他们搬土的搬土、抬梁的抬梁，还有人只见到个缝隙就大胆地钻下去救人。所以当外面的救援部队赶到时，大部分的居民已经被天兵救出来了。天兵甚至带来一位医生，为村民做急救。

“你们是从哪儿来的？”有居民问，“太伟大了！”

“看看我们细条纹的制服就知道了。”一位天兵说，“这里只有我们住的地方，不但是钢筋水泥建筑，而且特别结实，所以地震只震垮一堵墙，没人受伤。有些人趁机跑了，但我们认为救人重要，所以留下来。至于那些粮食、医药和医生，是我们早就有的，没想到全派上了用场。”

天兵们获得特赦，而且在掌声的鼓励下，变成重建地方的生力军。

至于趁乱逃跑的，则多半被抓回监狱，而且刑期加倍。他们一个个后悔地说：“希望再来个大地震，好到时候扮演天兵。”

矿灾频传，矿工家属还是忧心忡忡地送亲人进矿坑。
在理想与现实的冲突下，人们常不得不向现实低头。

教堂与妓院

每次布朗都带着他的美丽队伍缩在最后一排，尽管如此，教友们还是对他们指指点点。有人说根本不该让布朗那票人进来，有人说妓女从良才能进教堂，有人争辩说耶稣并不歧视妓女。更关键的是神父讲："想想，在我们这个小镇，能有几文钱的奉献？教堂维持这个规模，给教友许多福利，多半靠布朗的奉献。"

◎

布朗死了！他没太太、没孩子，甚至没亲人。临死前布朗特别把神父请去做临终告解，并求神父照顾他的小姐们。而且，布朗居然把所有的遗产都捐给了教堂。

布朗的小姐继续来做礼拜，教友们照旧不理睬那些妓女。

妓院继续在营业，没人知道老板是谁。

教堂正准备扩建……

坐云霄飞车的人，在开始俯冲之前常后悔，
在到达终点时常兴奋。

车入险路

远远看见路边停了一辆奔驰黑头车，前面的引擎盖开着，直冒白烟。她把车速放慢，也幸亏慢，因为这时突然跳出个黑衣大汉，夜里看不清，差点撞上。

车门被拉开了！“大哥！您请！真对不起您。”那黑衣大汉鞠九十度的躬，接着车子往下一沉，后视镜里冒出个光头大脸，砰一声，车门关上了，传来沉沉一声：“走！”

"您去哪里？"她小声问，没敢回头。

"叫你走就走！快！我赶时间。"

"可是……可是我要收班了耶！"她吞吞吐吐地说。

"你要收班为什么还亮着空车的灯？"

她没再吭声，往前开，心里盘算着，能不能在看到空出租车的时候，婉转地请光头大脸换辆……

"你快一点好不好？"驾驶座后面被狠狠踢了一脚，"真他妈的倒霉！先是烂车，又是慢车，还……"光头显然东看西看，"他妈的是辆老车！还有，怎么是个女人开车？"椅子后面又被踢一脚，"你他妈的会不会开呀？叫你快一点，我赶时间！"

"可是，您没说要去哪里。"

"你他妈的！先快，我再告诉你。"突然爆炸似的，"右转！"

她猛踩刹车，往右打方向盘，车轮发出尖叫，差点撞上电线杆。

那大概是个废弃的工业区，黑魆魆的连点儿灯光也没有，两侧全是铁皮房子，路边还堆着好多带着齿轮的锈机器，车灯打过去，映在墙上，好像一群龇着尖牙的怪物。她的手发抖，应该说全身抖，整个车都在抖。

“你会不会开呀？”从后视镜里冒出一双只见白不见黑的牛眼和臭嘴，“你他妈的这么个年轻女人，开什么出租车？”好死不死，车子又一阵抖，那双牛眼更圆了，“喂！你是存心啊！为什么专往不平的地方开？”

问题是路不平，她已经很小心了。盯着坑坑洼洼的路面，她左扭一下，右扭一下，试着闪躲每个坑洞。

“你他妈的快一点好不好？怎么更慢了？”

“我在躲地上的坑啊！不是说车子不稳吗？”话才出口，她已经后悔，要是惹毛了光头大脸就麻烦了。

“左转！”后面又轰来一声雷，“叫你左转！”

她反射性地猛向左打方向盘，就听见外面噼里啪啦，大概弹起一堆石子吧！问题是，左转，前面……

“前面没路！”她喊。

“去你妈的！当然有路！你没看见路吗？”啪！一巴掌打到驾驶座的椅背上，“你往前开就对了！”

果然有路，是一条田间道路，没半盏路灯，又没月亮，好像开进无边的黑洞。

泥土路上一条条的，想必是别的车轧出来的，辙痕很宽。她的车小，左边轮子开进辙痕，右边轮子就翘起来。方向盘往右打，右边轮子才下去，左边轮子又高起来。左晃右晃，经过一片坟场，接着是甘蔗田。哗啦！哗啦！一片片甘蔗叶，在车灯下白亮白亮的，像尖刀划过窗子。她开始后悔接手男朋友的出租车，后悔为了多挣点学费，晚上还出来载客。

“停！”后面传来一声怒吼，接着车门响，“你给我下来！”光头大脸已经站在车外。天哪！好大的个头，还有大大的肚子，挺在车窗前面。

她想踩油门，冲出去！或许能逃得掉，但是她没这个胆子，也可能有这个胆子，但是她没做，不知为什么乖乖地下了车。

“你！进去！”一只大手拉着后面的车门。

她小心地滑进后座，正往里移呢，砰！背后车门关了。又砰一声，前面驾驶座的车门也关了。接着车子一震，轮胎发出尖锐的叫声。

“你他妈的太差！换我来开！”

为没掉进第一个坑而回头喊好险的人，
常常跟着掉进第二个坑。

惯窃落网

“真是太险了！”小赵下电梯的时候直摸胸口，“临时摩托车坏了，幸亏小陈把他的车子借给了我。不然，一定不可能赶在这最后一分钟，把东西送进去。”

走出大楼，小赵觉得天好蓝，心好轻松，居然还有很多人正往大楼里冲。“来不及啦！”小赵心里暗笑，“我才办完，就停止收件啦！”

原先门口没停几辆摩托车，现在停了一排，八成都是赶在最后一分钟过来的。

只是……小赵眉头一皱：“我的车呢？哪辆车是我的？”刚才跳上小陈的车子就骑过来，根本没看清那车的样子和牌照。

拨小陈的手机，直接上了答录机。打回公司，又说小陈不在位子上。

“简单！”小赵灵光一闪，“我试！只要拿着钥匙一辆辆地试，能打得开，就对了！”

“看你往哪儿跑！”突然背后有人大喊，接着冲上三个警卫，把小赵扑倒在地，“上个礼拜偷两辆还不够是吧？今天居然还敢来！”

有“公德”，还得有“公义”。
有“道德”，更要有“勇气”。

大哥治楼

有一栋大楼，才建成，就搬进了位黑道大哥，而且买下一整层，据说打算开赌场。

住户都紧张了，众志成城地计划把大哥赶出去。问题是，开第一次住户会议的时候，好多私下“义正辞严的大声公”都没出现，反倒是大哥带了一票人出席，又因为大哥的户数多、票数多，居然被选上主委。

大家都猜完蛋了，赌场是开定了，好些人急着卖房子。

赌场确实开成了，那些搬走的人，却没过多久就后悔了。

为什么？因为大哥“治理”硬是不同！别的大楼住户各自“发挥”，左钉一个遮阳棚，右钉一个六角窗，再加上一堆招牌，漂漂亮亮的新建筑，没多久，都猪羊变色。可是在大哥的主持下，别说六角窗、遮阳棚和招牌了，连哪家要出租，想在窗上贴个招租的红条子都办不到，大哥说得好：“这是民主法治时代，管委会既然是大家选出来的，就要严格执行大楼的规章，谁要是敢轻举乱动……”

大哥没说要打断谁的狗腿，或叫他的狗腿子去打谁，可是住户的腿全抖了。所以当附近的大楼都“变色”的时候，这大楼还跟新的一样，连防盗铁窗都没有。

别栋楼家家装铁窗，这栋没有，一定特别容易遭小偷了对不对?

错啦！大哥主政一年多，附近大楼都遭了贼，独独这栋大楼连根钉子都没少过。原因是：第一，大哥怕警察来查，所以在门厅和安全梯都装了监视器，整天派人监看，小偷唯恐被看到，不敢来。

第二，大哥早放话出去了，请道上的兄弟多担待。连他手下的小弟都乖溜溜的，非但穿西装打领带，对人谦恭有礼，看见老弱妇孺出入，还主动搀扶，帮忙提东西，甚至为长期不在家的人注意门户。

道理很简单！大哥不容许大楼里出事，哪怕争吵都不行。因为只要有事，警察就得登门查案，这一登门，大哥的生意难免受影响。如此这般，一年下来，楼价硬比附近高两成。

当然，邪不胜正，赌场还是被查封，大哥被抓，手下全跑路了。

大楼的管理权重新回到善良百姓的手里，自由恢复了，美容院、命相馆、健身房、卡拉OK、音乐咖啡、理疗按摩……纷纷迁入，招牌一个个挂起来，遮阳棚、六角窗、铁栅栏全装上了。

可是有了防盗的铁窗，却没能挡住小偷，因为小偷大摇大摆地从里面偷。

不是有监视器吗？

对不起！大哥才走，监视器就被手脚快的住户摘走，连电线都扯不见了。

硬件是骨，软件是肉；
武力是骨，文化是肉。

在车站舞蹈

相邻的两个国家，一富一穷，虽然百年来明争暗斗，但是一个进步、一个落后，富国总是占优势。

突然间穷国急起直追，让富国有点担心，于是派出许多探子，潜入穷国的民间观察。

有个探子专门观察地铁。

第一年探子回来说：

“他们还早呢！地铁里的工作人员都面无笑容。”

第二年探子回报：

“虽然有笑脸了，但是民众还差得远。地铁里的人在手扶梯上还不知道静立地站一侧，把另一侧让给赶时间的人走。”

第三年探子回来说：

“他们很差！虽然学会礼让了，可是在车厢里吃东西、大声打手机。”

第四年，探子脸色有点凝重：

“他们居然在地铁里不吃东西，也小声说话了，每个学生都在低头看书，跟我们的孩子一样用功。”

富国官员却一笑：“他们用功，我们也用功，他们想硬赶，还早呢！”

第五年，探子回来了，轻松地说：“嘿嘿！他们愈来愈随便了。我看到一群学生，在地铁站跳舞、收钱，说要捐给灾民。”

富国的官员大吃一惊：“什么？他们的孩子在地铁站跳舞？募款？有老师带着吗？”

“没有！”

“喊教条口号了吗？”

“没有，好像是学生自发的。”

“麻烦了！麻烦了！他们下一代的活力和创意出来了，而且有了慈悲和关怀。”

官员想了想，又问：“车站里有乘客骂吗？”

“没有！”探子说。

“更麻烦了！几年间，他们进步太大了。笑容是自信的表现，秩序是法治的表现，安静是自律的表现，慈善是富裕的表现，宽容是自由的表现，艺术是创意的表现，他们可真赶上来了！”

果然，穷国一日千里，后来居上。

莞尔篇

大厨的台子和手术台多像啊！
有血有肉，有刀有叉，有夹有钩，
有许多助手，有各种机器和白袍，
还有一群在外面等待的人。

这洗衣店的老板多“高”啊！他可以夸夸其谈，
可以言而必信，可以信而必果。
而且，做了，他可以不说。

漂白大师

杰克走出机场，刚要拥抱太太，老婆就指着他尖叫了起来：“你衣服上……”

杰克低头，大吃一惊：“天哪！”蓝衬衫前胸口袋下面一大片黑色，足有半个手掌大。杰克抽出口袋里的原子笔，笔上全是漏出来的油墨，又染了一手。

“你别开门！我开！”太太为杰克把车门拉开，但先进去抽出好多化妆纸，“擦干净了再上车！”

问题是原子笔油多浓、多黑啊！擦了半天，还是一手黑。杰克唯恐弄脏东西，只好像犯人似的举着双手，坐进车子。

“天哪，这衣服完了！新的耶！”杰克低头看衬衫上那片黑，“而且是我在上海找师傅特别量身定做的。”

“那当然完了！如果是墨水笔漏了可能有救，原子笔，油性的，没救！扔掉算了！”太太也没好气地说，“谁叫你不小心，你不知道原子笔在飞机上容易漏油吗？”

◎

尽管如此，杰克还是把蓝衬衫送去附近的洗衣店。

“我知道八成没救了！不过还是来问问你，能不能洗干净？”杰克一进门，就对洗衣店老板说。

老板把衣服举起来，扬着眉毛看了十几秒钟，狠狠抖了一下："别人一定不行！但是活该你走运，碰上我，没问题！三天之后，保证洗得干干净净。"

◎

三天之后，杰克去了，才进门，老板就迎上来一笑："对不起啊！今天还不能拿，因为确实不好洗。"又突然放开嗓门，"不过没问题，有一种德国出的漂白剂，我已经去订了。明天到货，你后天来拿就成了！"

◎

后天到了，杰克又去。还没进店门，老板就跑了出来，直赔笑脸："抱歉！抱歉！德国药水也不管用，我已经送去处理了。"

"如果不能洗就算了！"杰克说，"我本来也没指望能洗。不会要太多钱吧？”

“笑话！”老板拍拍杰克，“哎！老主顾了，我一毛也不会多要。”又拉着嗓子，“有什么衣服难得倒我？我保证，您下礼拜一定拿得到。”

◎

隔周，杰克真拿到了！而且真洗干净了！只是老板不好意思地说：“对不起！漂白剂太厉害了，蓝衬衫漂成白色的了！”

为这个，老板居然不要钱。杰克硬塞，老板硬推。

不过这也好，十足产生了广告效应，从那天起，杰克只要穿那件衬衫，逢人就说：“瞧，我家附近的洗衣店多厉害！连原子笔油都能洗不见，而且把蓝衬衫洗成白衬衫。”

这一天，杰克去洗衣服，又在店里指着那件衬衫跟别的顾客介绍老板的成就，说得老板直挥手说不好意思。而且杰克才出门，老板就追了出来，把杰克拉到街边没人的地方，小声说：“拜托！拜托！您别帮我宣传了！最近好多人拿染了墨水的衣服来找我。”

“好哇！”杰克笑道，“你可以多收一点钱啊！”

老板却扮出一副苦脸：“可是……可是，您没发现吗？您身上这件已经不是原来那件。只因为我找不到同样的蓝色布料，只好照样为您做了件白色的！原来那件蓝色的，早被我洗烂了！”

一位美国名校的入学部主任说得好：
我收一个外国学生，等于赚多少？
学费且不谈，那孩子从小到大，单单家里的养育、学校的栽培就花了多少钱？如果表现好，他留下来了，我们更是赚死！这叫做：
他妈妈生，爸爸养，学校教，国家栽培，我们加工捡现成！

修表大师

每次经过他门口，我都会放慢脚步，看那小老头正襟危坐在他高高的台子后面。有时候他会抬头瞄我一眼，大概因为戴了放大的眼镜，两颗特大的黑眼珠，就像漫画里的卡通人物。

这时我会挥挥手跟他打个招呼，但我不敢进去，因为总看见他在抽烟，就算没抽，屋子里也烟雾弥漫，脚边还总躺着一只黄狗。我有气喘，对烟和猫狗都敏感，进去非出问题不可。

但我还是对他好奇，好奇在那么繁华的地段，又是个临街的店面，租金多贵啊！他一个人靠修钟表，怎么维持？

还有，附近商店都装潢得十分现代，只有他这家，好像回到二十世纪五十年代的台湾，连墙上挂的各种时钟，还有那幅老得发黄的十字绣，都像是从历史里走出来的。

终于不得不冒险推开他的门，因为我的老爷表不走了。

“这表老归老，却是个好表。”他瞄了一眼说，“怎么啦？”

“常常莫名其妙地停。”我说，“而且都是分针和秒针交会的时候。搞不好，针松了！叠在一起了。”

“不要乱猜！可能，但不是绝对！”他把表移近他的放大眼镜，“需要洗了！”

“问题是我在美国才洗过。”我说，“先拿到犹太人开的店，要的价钱吓我一跳，因为他们得寄到瑞士洗。所幸我又找到一家韩国店，才四分之一的价钱。洗完好好的，但是才两个月就出毛病了。”

“韩国人要你多少？”

“两百美金，足够买个新表了。”

他把表往桌子上一放，推到我面前：“对不起！我就算看你是熟面孔，也得要一万台币。而且你知道我的规矩吗？先付钱！现款，一次付清。”

“表在你这儿，还要……”

“两回事！这种表，除了我，没几个人会修。对了！这价钱只是工钱，不包括零件。”

“没几个人会修？”

“对！有人装会，就像你找的那家韩国店。”他一边说一边转头弯腰。我赶紧说：“对不起！我有气喘，能不能先不抽烟？而且你总把门关着，不通风，抽烟对你也不好。”

“早就不好了，腿不好，腰不好，心脏不好！没一样好的。”啪一声，他把手上的打火机塞进抽屉里，突然，他站起身，“要不要喝茶？我的茶很不赖。”

“不不不！我马上就得走，只是没想到这么个老表，居然洗一洗要那么多钱，而且刚洗过。”

他突然脸一板：“我问你！你昨天洗过澡，今天又洗，就只洗一条腿吗？”他坐下，倾身过来，“总有时间听个故事吧？”又指指门外，“你认识那个妇产科医生××吗？哦！对哦！你不是女人，大概不认识。总之，他很有名，也很有钱。有一天在餐厅，那医生隔着好几桌客人，举起手，对我喊：‘我这PP，你洗不洗？多少钱？’”他哼了一声，“他哪是要洗表啊！根本是要秀他手上的PP。我就回他：‘洗外面还是洗里面？外面不要钱！’”他一边说一边弯身，接着笑了，“啊！忘了，不能抽烟。”摇摇头，“你知道吗？那医生隔天就带着PP来了，说要洗里面。我说两万，他居然嫌贵。那时候我有个学徒，跟我三年了，听说医生不洗，就问我，他能不能接这生意。我说：‘你接啊！’徒弟真跑去找那医生了。”

“徒弟要多少钱？”我急着问。

“五千！”

“差四倍耶！”

“是啊！跟你去的犹太店和韩国店一样。”他扭动了一下脖子，盯着我，“听清楚！五千，是给他。我徒弟反过来给那医生五千块。徒弟说得好，才五千，这么有名的表，拿来练习一下，值得！”他用手指敲敲桌面，“怎么样？懂了吗？”

我二话不说，恭恭敬敬地把表“呈上”。

我的外国医生朋友说得好：
有钱的，主治医师“主刀”。
没钱的，住院医师“主刀”。
哪个手术权威，不是一刀刀练习出来的？
哪个救命天使，刀下没有几条冤魂？

非洲神医

查理真伟大，别人抢着进大医院实习，查理却志愿到非洲最落后的地区服务。

才几个月就可以知道查理去的地方有多落后了。落后到查理居然四处给同学写信，要医院用剩或淘汰的东西，连病人淘汰的义肢、不合适的假牙和钢钉支架都要。

两年后的同学会，查理回来了，每个人都给他热情的拥抱。

“你向我们要的东西，好像每一科都有，你在那儿到底选哪一科啊？”

“哪一科？”查理笑笑，“哪科都干！断骨的接骨，摘肾的摘肾，割胆的割胆，才去半年就做心脏手术了。”

“天哪！”有同学叫起来，“他们让你这个生手开心脏？不把人开死？”

“说实话，开死不少！”查理耸耸肩，“问题是，不开病人也是死。虽然起初我开十个，死八个，最起码有两个活了。而且愈开愈有经验，现在成功率已经九成。没有前面牺牲的，能有后来成功的吗？”查理反问大家，“你们有几个做了心脏手术？成功率应该高得多吧？”

四周的同学都笑了：“这么大的手术，哪里轮得到我们这些住院医师主刀？”

又过几年，查理回来了，是被大医院重金礼聘的。到的第三天就主刀，几个当年的同窗，靠跟查理的关系，才挤进开刀房做助手。

算命先生再准，
也算不过不要命的人。

大楼有鬼

碰上那个女人，真扫兴！

一年多，看了几十栋房子，总算找到这户十一楼的，五年新，楼层高，环境好，交通方便，管理费又不贵，可是才决定签约，就遇上那个女人。

大概因为下楼时在电梯里听见他们跟掮客的对话吧！才出大门，那女人就神秘兮兮地追过来说：“你们要买十一楼那户吗？别买！闹鬼，会跌价的！”

他拨电话给还没走远的掮客，问怎么回事。

“是不是十二楼的？”掮客说，“那女人有精神病，她也叫我别卖，说什么不要害人。简直浑蛋嘛！”掮客显然火极了，在电话那头喊，“害我不但去管理中心和警察局问，还一家家打听大楼会不会闹鬼，差点被别的住户揍一顿。”

他们两口子还是不信，又去楼下大厅问管理员。才开口，管理员就笑了：“你们也听那精神病说了是吧？我猜啊！是她想买那一户，好上下打通做跃层。”

两口子又找来风水师。师父才进门，就说这房子的气很旺，再问他们的生辰八字，啪！师父猛击掌：“好哇！样样都合，搬进来，楼价必涨！主人必发！”

他笑了，说：“楼上有个小姐还说闹鬼，会跌价呢！”

师父哈哈大笑起来，用罗盘指着天花板：“她才是鬼，改天我来捉妖！”

他们总算完全放心了，找了个黄道吉日签约。

钥匙到手，两口子兴高采烈地去新房，还没到门口，就看见警车和救护车的闪灯，还有好多人围在那儿。

“不要过来！”警察一边拉封锁现场的黄条子，一边要人群避开，还有个妇人捂着脸往大楼里冲，差点撞到他们。

“不要看！不要看啦！”妇人双手直挥，“十二楼的那个神经病跳楼了啦！”

既然你已经家法伺候，我何必再兴师问罪。
既然你已经负荆请罪，我怎能不宽宏大量。

知错就好

两个人在车上不知为什么事吵起来，而且愈吵愈大声、愈激烈。直到后视镜里闪光、外面传来警笛声，两个人才发觉超速了。

王太太赶紧减速，把车子慢慢停在路边。

警察从后面走过来，叫王太太出示驾照，再掏口袋，拿出小本子，准备开单。

“你知道你开多快吗？”警察问。

“对不起！我没注意。”王太太说。

右座的小王开口了：“对不起的应该是我，都怪我跟老婆吵架，一路骂她……”

“哎呀！老夫老妻何必吵嘛！要吵也回家吵，吵得你老婆超速三十公里都不知道，再吵就要到天堂吵了！”警察笑着把驾照还给王太太，“算了！算了！你老公错，你没错，不罚你了！”

◎

“有左转灯，有左转灯！灯亮了才能转！”小王指着前面的路灯大喊，“不能转！”

“又没车、没警察，为什么不能转？”王太太硬是一打方向盘，刷！左转了过去。

哨子响！好死不死居然有个警察正躲在左转的路边，一伸手：“停车！”

警察过来了！王太太喃喃自语说：“倒霉！碰上

阴谋的死鬼警察。”

小王却乐了，对着窗外走来的警察得意地大声喊：“罚她！罚她！叫她不能左转，她偏转。”

“是吗？”警察看看小王，又看看王太太。

“是！”王太太没答，小王却又喊，“罚她！罚她！我太太从来不听我的话。”

“罚她！你不损失吗？”警察弯下腰，趴着车窗问小王。

“我当然损失，她又不赚钱！”

警察笑了，对王太太挥挥手：“好了好了！你老公骂就够了！今天不罚了，下次要听话。”

笑我头发少？我是聪明透顶！
笑我没头发？我是聪明绝顶！
对于既成的现实，用接受表现风度。
对于尴尬的场面，用自嘲表现幽默。

战斗到底的花车

政府邀集民间团体举办花车大游行。

老总叮嘱小李一定要让公司的花车特别亮眼，最好在几百辆当中，让人一眼就能看见。

小李遵命，特别找名家设计。名家说："这容易！我们做个火箭，既战斗又突出。"

游行的日子终于到了，由老总和小李亲自压阵。瞧！银色的火箭直指天空，老总在前面对观众挥手，小李在后面广播喊口号，还有公司的两位美女，穿着大红旗袍左右陪衬。

问题是才开出一个路口，花车就不得不调头。因为火箭太高，差点碰上高压电线，只好回公司把下面锯掉一截，重新出发。

“我们的火箭伸张正义！”小李一路喊口号。

“去你的！”有街边的观众喊，“这么短，根本不像火箭！”

小李立刻改口：“我们是民主的灯塔！”

正喊呢，老总大喊：“快停车！快停车！”

原来前面有个人行路桥，硬比火箭低一英尺。

后面猛按喇叭，上百辆花车都没办法动了。幸亏小李机灵，三下两下爬上灯塔，把“火箭头”摘了下来。而且连灯塔也不喊了，改成：“我们是民主的堡垒！自由的守望者……”

这时一个紧急刹车，刚才因为匆匆锯掉火箭下面一截，没同定好，堡垒砰一声向前倒下。小李赶快见风转舵：

“我们是民主的大炮！”

突然听见前面传来哀号，两位美女正把老总从大炮底下拖出来。

小李赶快追加一句：“愿为捍卫自由而捐躯！”

“空军基地”摆设刺激的电玩，
既能舒解紧张，又能锻炼战技。

天下第一刀

马克来了！大厨乐了！老板笑了！

虽然马克是兼差，而且一个月才来两天，但是只要他到，大厨立刻会把自己神圣的位子让出来，而且亲自把台子清理得干干净净。

就见马克先换上大厨的白衣服和围裙，再打开他自备的工具箱，把里面大大小小的刀子排好，夹子、锉子放左边，钩子、叉子放外面，小尖刀和小扁刀放里面。至于那些奶油、橄榄油、精盐、粗盐和香辛料也像小兵一样各就各位。

连大厨都成为马克的手下。据说他们两个都出自名厨家庭，从小就玩在一起，而今两个人又玩了，活像小孩玩“家家酒”。

来了！来了！客人一个个进门，点菜单一张张送进来。马克每个月专挑他自己的办公室休假、餐馆却特别忙的周末来，简直是自找苦吃。

说不定他也就爱这万箭齐发的场面，一单接着一单，有点肉的，有点鱼的，有点虾的，有吃全素的。还有犹太客人，只吃Kosher。这么复杂，马克居然能应付裕如。只见他大刀小刀、大勺小勺，左边弯腰拿出一块牛排，右边伸手摆出一盘大虾，又转身到后面的台子，换一副刀叉调理素食。他不会弄错一块肉，不会多烤半分钟，更不会把荤菜和素菜的厨具搞混。

他干净、利落、准确，大厨、二厨全成为他的手下，只要帮忙递递盘碗刀叉、检查烤箱温度和通知服务生就成了。

妙得是，忙成这个鬼样子，马克居然还说这是最好的休闲，既能调剂身心，还能锻炼技术。

也怪不得在马克的工作单位，遇上别人对付不了的状况，马克都能临危不乱，甚至见危受命，帮忙度过好几个要命的场面。

那确实是“要命”。马克说得好——“大厨的台子跟手术台多像啊！有血有肉，有刀有叉，有夹有钩，有许多助手，有各种机器和白袍，还有一群在外面等待的人。也幸亏我做大厨训练有素，能同时应付十道菜，也就不在乎那么一台手术了。”

责人易，律己难，
无淫行易，无淫念难，
不犯法易，不犯罪难。

十年梦魇

每次经过那个台子，老张的心跳都会加快，因为十年前那可怕的一幕总是缠绕在他的脑海，还有那位刘教授说的：

“这博物馆从清朝就有了，瞧瞧！里面的家具，全是从原产地运来的紫檀、酸枝、黄花梨，更了不得的是这里的瓷器，全是官窑，可不得了啦！随便一个都值十万英镑……”刘教授的话，一个字一个字，像钉子一样砸在老张的心上。

或许也正因为听到刘教授这么说，从此老张每次经过那个台子都特别小心，轻手轻脚地唯恐震动了老地板，把台子上那个青花瓷震下来。偏偏愈小心愈麻烦，那次他吸尘，注意了脚下，却忘了另一只手上还攥着扫把，一转身，啪!

老张顿时呆住了，觉得背脊一阵凉，好像全身的血液都往下坠，嘴麻了，头空了，也站不稳了，扶着椅子半天才回过神采。

天哪！这青花瓷瓶，最少十万英镑，我怎么赔？老张想到家里三个孩子，还有自己的老伴。

可是我怎么说呢？我堂堂正正一条汉子，当年出生入死都没怕过，半辈子尽忠效力，跟着昔日老长官来到这博物馆，我砸了公家的宝贝，我能不说吗？说了能不丢差事？

三个孩子的脸从老张脑海闪过，老张像触电似的浑身一抖，好像从梦中惊醒，又跟触电似的急忙把瓷器碎片捡起来。

幸亏有地毯，下面又是地板，两英尺高的青花瓷瓶只摔成五大块，瓶口瓶底各一块，中间三块，一大二小。老张轻手轻脚地把碎片放进垃圾桶，再把塑料袋口一绑……

幸亏老张是在下班之后打扫，博物馆员工全走了，也幸亏接下来两天是周末，让老张有时间“处理”。他谁也没说，偷偷把碎瓷拿回家，再跑去买了瓶胶水，开始加工。

老伴下班，见老张戴着老花眼镜，正在粘瓶口，问怎么回事。老张先不说，后来被逼急了，不得不讲。

老伴立刻坐在床边，捂着脸哭了。哭一阵，她突然抬头：“你这么补，能不被发现？为什么不说被偷了？”

“胡说！”老张回头瞪一眼，“这么贵重的东西从博物馆被偷，警察能不查？查出来更惨，只怕得进监牢。我现在先应付应付，迟早被发现，再想办法赔吧！”

大概因为瓷器瓶口瓶底都没坏，中间瓶身又有一大块完整，老张粘好后，星期一一大早放回架子上，完全没被发现。

而且这一混就混了十年。陈馆长退休了，来了廖馆长，廖馆长调走，换成现在的董馆长，青花瓷瓶一直放在原先的位置，由老张时时小心擦拭，再把没裂缝的那侧对着外面。

◎

老张要退休了，馆里特别为他办了欢送会，欢送这个忠心的老臣。

老张的另一半和两儿一女也都到场了。孩子个个有成，却都不知道老张的秘密，只晓得父母省得要死，即使而今孩子非但不向父母伸手，还按月孝敬，老爸老妈还像守财奴似的，过得穷哈哈的。

欢送会上，老张也还是穿着他那身退了色的中山装，可是口袋里很丰实，放了一张十万英镑的支票。他上台的步履轻快，好像反而年轻了。

“我要说出个秘密，一个藏在我心里十年、让我过去十年坐卧难安的秘密。”老张慢慢地一个字一个字地说，“十年前我打破了馆长办公室里的青花瓷瓶，我没敢说，偷偷把瓶子粘上，放回原来的地方。这十年，我每次看见那瓶子，都惭愧得抬不起头。虽然你们大家不知道，也可能永远不知道，但是临走之前我不能不说，不能不赔。”老张掏出口袋里的支票，“谢谢我太太，这十年来跟我一起省、一起攒，我们终于攒到了十万英镑，让我还给馆里。”

台下第一排有人说话了，是早退休的陈馆长：“等等！等等！你说我以前办公桌后头那个青花瓷瓶？那值几文呐？咱们馆里的好东西早运回故宫了，这里摆的全是复制品！”